# 믿기지 않을 정도로 발전된 문명…
# 사람들은 그것을 초고대문명이라 부른다

**일본 해저에 무 대륙의 유적이…?!**

일본 오키나와현 해저에 있는 거대한 돌더미. 1만 2000년 전에 침몰한 무 대륙의 유적일 가능성이….

**인간이 건설했다고는 믿기지 않는 수상유적**

인력으로 건설하면 수백 년이 걸린다고 한다. 그러한 고도의 건축기술 때문에 무 대륙의 유적이라는 말도 있다.

**230만 개의 거석을 쌓아올린 방법이란…**

계산상 2분 30초에 1개라는 속도로 거석을 쌓은 것으로 보인다. 당시에 그런 일이 가능했을까?

**고도의 기술로 정확하게 설계된 신전**

1년에 두 번, 정해진 날에만 신전 안쪽 가장 깊숙한 곳에 태양빛이 닿는다.

**현대에 필적하는 수준의 주거지**

5200년 전의 주거지는 가구, 자물쇠가 달린 문 등 현대에도 존재하는 시스템을 갖추었다.

# 그 시대에 있었을 리가 없는 것!
# 사람들은 그것을 오파츠라 부른다

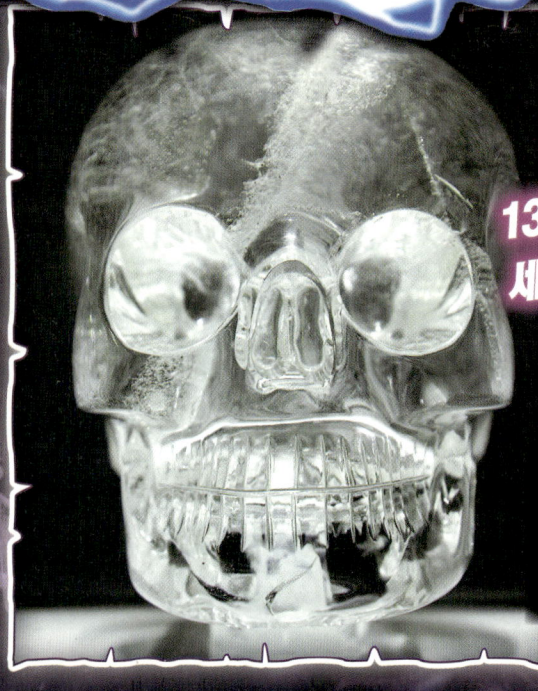

**13개 모이면 세계의 진실을 알 수 있다**

13개가 모이면 이 세상의 진리를 깨달을 수 있다는 수정 해골. 사람의 손으로 조각하면 300년이 걸린다고 한다.

**2000년 전에 컴퓨터가?!**

해저에서 발견되어 녹이 슬었지만 고대 그리스 시절의 컴퓨터 부품임을 알아냈다.

아직 미생물밖에 없었을 28억년 전의 지층에서 인간이 가공한 듯한 금속 구체를 발견.

## 인류 탄생 이전의 지층에서 가공된 금속 구체를 발견!

1000년도 훨씬 전에 만들어진 불도저처럼 생긴 공예품. 당시에는 전동 기구가 없었을 텐데….

## 전기가 없었던 시대에 불도저가?!

18세기에 그려진, 남극대륙이 2개로 나뉜 의문의 지도. 미래의 남극을 그린 것일까….

## 남극대륙의 미래를 예언하는 것일까…

## 비밀자료 대공개! 인류 역사의 7대 미스터리

고대의 초과학문명과 핵전쟁의 가능성, 외계인의 흔적 등 인류 역사상 최대의 일곱 가지 비밀을 살펴보자.

### FILE 1 고대에는 초과학문명이 존재했다?!

지금까지 세계에서 가장 오래된 문명은 메소포타미아, 이집트, 인더스, 황하의 '세계 4대 문명'이라 여겨왔다. 그러나 역사를 살펴보면 아틀란티스나 무 등 더욱 오래된 문명이 있었음을 알게 된다! 그때는 비행기나 전기처럼 세계 4대 문명에는 없었던 고도의 기술이 존재했던 것이다.

비행기술까지
지녔던 것일까…?

거대도시의 장엄한 건물

당시에 존재할 리 없었던
전기기술…

현대보다 발달한
초과학문명은 대체 어디로…

## FILE 2 — 일찍이 지구에 외계인이 왔었다는 증거가 존재한다?!

**세계 각지에 외계인이 날아온 흔적이!**

외계인이나 우주선을 모방해 만든 물건과 지구상의 생물이라 생각할 수 없는 뼈가 각지의 유적에서 발견되고 있다. 또한 전 세계의 고대 서적에는 '신이 하늘에서 내려와 인류의 문명을 발전시켰다'라는 구절이 등장한다. 어쩌면 일찍이 지구에 외계인이 찾아왔으며 고대인은 그걸 보고 신이 찾아온 것이라 생각했던 것인지도 모른다…

인간이라 생각할 수 없는
길쭉한 두개골

우주비행사를
나타낸 조각?!

마치 우주복을
입은 듯한 토우

외계인은 무슨 목적으로
지구에 찾아온 것일까…

# FILE 3 : 상상으로 여긴 생물이 고대에는 실제로 서식했다?!

### 인간의 얼굴에 사자의 몸을 지닌 성스러운 생물체

고대 전승에는 스핑크스나 미노타우로스처럼 반은 인간 반은 짐승인 괴물, 거인 등 현대에는 존재하지 않는 여러 생물이 등장한다. 전부 상상의 생물로 여겨졌으나 거인 화석이 발견되는 등 일찍이 실존했던 것이 증명됐다. 앞으로의 연구를 통해 다른 생물들의 화석도 발굴될지 모른다.

아일랜드에 전해져 내려오는
전설 속 거인의 화석…

인류에게 문명을 가르쳐 준
하얀 뱀신

6~7m의
거인 뼈를 발견!

**상상 속 생물의 화석은
지금도 땅속에 잠들어 있는 것일까…**

## FILE 4 지구는 고대에 한 번 핵전쟁으로 멸망했다?!

### 수수께끼의 화재로 멸망한 도시!

모헨조다로와 하투샤에는 순식간에 고열로 불타 멸망한 흔적이 있다. 고대도시를 멸망시킨 것은 무엇일까? 인도 신화에는 하늘을 나는 병기가 빛과 열로 도시를 멸망시켰다는 기록이 있다. 그런 존재는 현대의 핵무기 말고는 생각할 수가 없다. 고대에도 핵무기가 존재했으며, 핵전쟁으로 인류는 한 번 멸망했던 것인지도 모른다.

비정상적인 고온에 불탄 흔적!

5세기에 그려진 '신의 병기'를 이용한 전쟁 모습

지하도시는 핵전쟁 피난처였다?!

고대에도 핵무기를 만드는 기술이 존재했던 것일까?

## FILE 5 고대에는 건설 불가능?! 초거대 건축물

**높이 51m의 거대한 피라미드!**

약 60도라는 급경사 때문에 올라가던 관광객이 떨어져 죽은 적도 있다는 티칼 유적의 신전. 대체 어떻게 당시 사람들은 이런 위험한 신전을 만들었을까? 그 외에도 신이 만들었다 전해지는 '돌의 보전', 건설하기 무척 어려운 목조 고층건조물 '이즈모대사' 등 믿을 수 없는 거대 건물이 옛날에도 잔뜩 있었다. 기계도 사용하지 않고 그런 건물을 만드는 게 가능할까?!

신의 힘으로 만들어진
석제 건물일까…

높이 96m의
초거대 목조 신전

마야 문명의 최고신을 받드는
거대한 피라미드

정말 인간이 만든 것인가,
아니면 다른 힘을 빌린 것인가?

## FILE 6 고대인은 공룡을 목격한 적이 있다?!

### 공룡과 인류가 같은 시대에 생존?!

공룡은 6550만년 전에 멸종하고 최초의 인류는 약 370만년 전에 나타났으므로 공룡과 인류가 공존했을 리는 없다. 공룡이 실제로 존재했다는 것을 알게 된 것도 겨우 200년 전의 일. 그러나 고대유적에서 공룡의 조각상이 발견되거나 공룡 시대의 지층에서 인간 화석이 발굴되었다. 인류가 탄생하기 전에 공룡이 멸종했다는 설은 잘못된 것일까?!

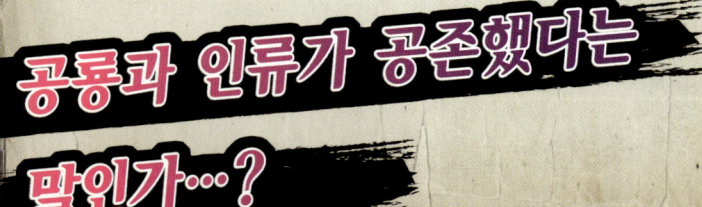

공룡과 인류가 공존했다는 말인가…?

## FILE 7 바다에 잠든 여러 고대유적…

### 무 대륙과 아틀란티스 대륙의 잔해?!

전 세계 바닷속에서 거석구조물이 발견되고 있다. 알렉산드리아 등대나 클레오파트라의 해저궁전처럼 어떤 유적인지, 왜 바다에 잠긴 것인지 알 수 있는 것도 존재하는 한편, 비미니 로드나 요나구니 섬 해저유적처럼 의문에 싸인 것도 존재한다. 이것들이 침몰한 환상 속 대륙의 유적이라는 말도 있는데, 과연 진실은….

## 발전했던 문명과 유적이 아직 바닷속에 존재하는 것일까…

# 고대의 비밀을 풀어라!
## 고대문명 키워드

여기에서는 이 책에서 다룰 고대문명과 관련된 중요한 키워드를 소개한다. 이를 이용해 함께 수수께끼를 풀어 보자.

### 초고대문명

'세계 4대 문명'인 메소포타미아 문명, 이집트 문명, 인더스 문명, 황하 문명보다 오래되고 훨씬 발전된 기술을 지녔던 것으로 여겨지는 수수께끼의 문명을 말한다.

### 오파츠

'장소에 어울리지 않는 유물'이라는 의미. 당시에는 존재하지 않았을 고도의 기술로 만들어졌으며 만들어진 시대나 장소에 어울리지 않는 발굴품을 말한다.

### 기원전

예수가 태어난 해인 '기원 1년'을 기준으로 그보다 이전의 시대를 말한다. 예를 들어 기원 1년보다 1년 이전은 '기원전 1년'이라 부른다.

### 태양신앙

태양을 신으로 모시는 것. 농업을 하며 살던 고대인은 농작물의 풍작을 좌우하는 태양을 가장 위대한 존재로 여겼다.

## 점토판, 비문

점토판은 판자 형태로 펼친 점토에 문자를 새긴 것이며, 비문은 돌을 조각해 문자를 새긴 것이다. 아직 종이가 발명되지 않았던 시절에는 이렇게 점토와 돌을 이용해 문자를 남겼다.

## UFO/외계인

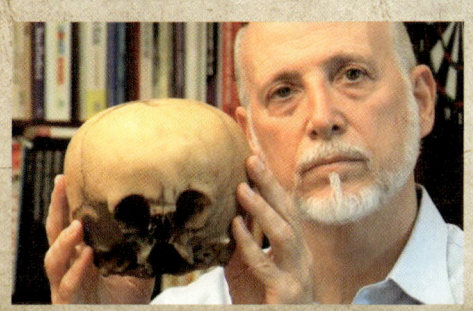

지구 바깥의 별에서 찾아온 것으로 보이는 인간형 생물. 인류보다 고도로 발전된 문명을 지녔을 것이다. UFO는 외계인이 타는 비행물체.

## 천문학

별을 관측하여 별의 위치나 움직임, 우주의 구성 등을 연구하는 학문. 고대인은 천문학을 이용해 점을 치거나 달력을 만드는 등 매일의 생활과 농업에 활용했다.

## 화석

고대 생물의 시체, 발자국, 배설물 따위가 오랜 세월을 거쳐 돌처럼 굳어진 것. 이를 조사함으로써 고대 생물의 존재에 다가갈 수 있다.

## 권두특집

### 인류 역사의 7대 미스터리 ——— 6

### 고대문명 키워드 ——— 18

### 이 책을 보는 법 ——— 24

## PART 1 신비로운 대륙

**만화** 아틀란티스 대륙 ——— 26

무 대륙 ——— 38
레무리아 대륙 ——— 44
마갈라니카 ——— 46
하이브라질 ——— 48

**조사보고서 1** 충격적인 새로운 사실 발견! 지구는 하나의 대륙이었다 ——— 50

**칼럼** 지구상의 고대문명을 지워버렸다?! 세계의 홍수전설 ——— 52

## PART 2 잃어버린 고대문명과 도시

**만화** 수메르 문명 ——— 56

바빌론 ——— 68
알렉산드리아 ——— 70
페트라 ——— 72
크노소스 궁전 ——— 74
폼페이 ——— 76
하투샤 ——— 78
모헨조다로 ——— 80
테오티우아칸 ——— 82
테노치티틀란 ——— 86
마추픽추 ——— 88
찬킬로 ——— 92
치첸이트사 ——— 94
티칼 ——— 98
시우다드 블랑카 ——— 100

고대 지구에서
핵전쟁이 일어났다?! ——— 102

**조사보고서 2**
몇 천 년 전부터 이루어진 우주와의 교류!
외계인과 교류했던
고대인 ——— 108

**칼럼**
땅속에 미지의 문명이 존재하고 있다?!
지구공동설의 진실 ——— 114

## PART 3 해명할 수 없는 고대의 거대유적

**만화** 왕가의 계곡 ——— 118

기자의 대 피라미드 ——— 128
스핑크스 ——— 134
스카라 브레이 ——— 138
하이포지움 ——— 140
아부심벨 대 신전 ——— 142
괴베클리 테페 ——— 144
에이브베리 ——— 146
뉴그레인지 ——— 148
카르나크 열석 ——— 150
아잔타 ——— 152
코판의 겹층 피라미드 ——— 154
나스카 지상화 ——— 156
힐 피규어 ——— 160
서펀트 마운드 ——— 162
파라카스의 거대 촛대 ——— 164
아타카마 지상화 ——— 166
모아이 석상 ——— 168
진시황릉 ——— 172

**조사보고서 3**
인류의 역사를 뒤집을 진실!
인간과 공룡은
공존했다?! ——— 174

**칼럼**
성지를 연결하는 의문의 직선의 정체는?!
레이 라인의 비밀 ——— 178

# PART 4 현대에 남은 미지의 오파츠

**만화** 사해문서 — 182

수정 해골 — 192
안티키테라 섬의 기계 — 196
아시리아의 수정 렌즈 — 198
하토르 신전의 조명기구 — 200
바그다드 전지 — 202
바알베크 남쪽의 돌 — 204
네브라 디스크 — 206
고대 이집트의 천문도 — 208
타실리나제르의 바위그림 — 210
아일랜드의 거인 화석 — 212
에콰도르의 거인족 — 214
손목시계형 반지 — 216
알루미늄제 벨트 버클 — 217
페루의 뇌 외과수술 — 218
총을 든 전사상 — 220
팔렝케의 우주비행사 — 222
마야의 황금 불도저 — 223
올멕의 거대 인면상 — 224
인면조각석 — 226
켄싱턴 룬스톤 — 228
피라미드 아이 타블렛 — 230
남아프리카의 금속 구체 — 232
일렉트론 합금으로 만든 수사슴상 — 234
델리의 철기둥 — 236
볼라 스톤 — 238
황금의 제트기 — 239

| 코스타리카의 석구 | 240 |
| 피리 레이스의 지도 | 242 |
| 필립 부아슈의 남극지도 | 244 |
| 보이니치 문서 | 246 |
| 로혼치의 서 | 248 |
| 멘도사 사본 | 249 |

**조사보고서 4** 비행기의 발명보다 훨씬 이전…
고대인은 비행기술을 지니고 있었다 ——— 250

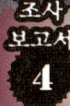
**칼럼** 고대에 존재하던 신비의 금속
오리하르콘과 히히이로카네 ——— 254

**세계의** 초고대문명·오파츠 MAP ——— 258

※본 도서는 과거에 초고대 문명이 있었다는 가설을 연구한 내용이기 때문에 도서 내용과 다른 과학적 견해가 있을 수 있습니다.

# 이 책을 보는 법

이 책은 재현 일러스트, 데이터, 특징, 참고사진으로 구성되었다. PART에 따라 일부 자료 부분에 차이가 존재하니 보는 법을 소개한다.

PART 1 신비로운 대륙

아틀란티스 대륙

갑자기 바다에 가라앉은 신비한 문명

## 아틀란티스 대륙
### 고대라 생각할 수 없을 정도로 뛰어난 문명을 지녔다.

지금으로부터 약 100만년 전, 대서양에 존재한 것으로 여겨지는 전설의 대륙. 수도 포세이도니아는 고리 형태의 육지와 운하로 이루어졌으며, 먹을 것도 풍부하고 해외와의 무역도 번성했다고 한다. 또한 과학기술도 발달하여 아틀란티스인들은 '오리하르콘(➡P254)'이라 불리는 신비한 금속으로 비행기나 자동차를 만들었다. 그러나 1만 2000년 전, 거대한 지진과 해일로 인해 바닷속에 가라앉았다고 한다. 최근 세계 각지에서 아틀란티스의 흔적으로 보이는 것들이 발견되고 있다. 순식간에 가라앉은 전설의 대륙은 어떤 곳이었을까?

신비한 금속으로 만든 비행기
아틀란티스에서는 오리하르콘(➡P254)이라는 금속을 가공하는 기술이 있으며, 비행기 등을 만들었다고 한다.

▶ 고리 형태의 육지가 특징인 수도 포세이도니아.

DATA
- 소재지: 대서양
- 시대: 100만~1만 2천년 전
- 분석: 비행기를 만드는 기술 등을 통해 아틀란티스는 현재 동급 혹은 그 이상으로 발전했음을 알 수 있다.

대륙 MAP 여기

## ❶ 재현 일러스트
미지의 대륙이나 고대 문명, 유적을 실감나는 일러스트로 재현. PART4에서는 실물 사진을 소개.

## ❷ 특징
유적이나 유물의 크기 및 겉모습 같은 특징을 자세하게 해설.

## ❸ 데이터
소재지, 연대, 분석은 공통적으로 소개. PART1, 2는 소재지를 MAP에서 소개. PART3은 유적의 목적, PART4는 오파츠의 재질을 소개.

[PART1] 대륙 MAP
[PART2] 문명 MAP

[PART4] 재질
 종이
 금속
 돌
 뼈

[PART3] 유적의 목적
 주거지
 묘
 상(像)
 기도
 불명

# PART 1

# 신비로운 대륙

먼 옛날부터 환상 속 대륙의 존재가 전해져 내려온다. 현대보다 번영했음에도 가라앉고 말았다는 대륙은 육지보다 훨씬 넓은 바다 깊숙한 곳에 잠들어 있을까?

# 아틀란티스 대륙

먼 옛날, 대서양에 거대한 대륙이 존재했다고 한다.

지도에도 남아 있지 않은 그 대륙에는
현대를 초월하는 고도의 문명이 존재했다.

그 대륙이 바로 **환상 속의 아틀란티스 대륙**이다.

# 아틀란티스 대륙

갑자기 바다에 가라앉은 신비한 문명

## 고대라 생각할 수 없을 정도로 뛰어난 문명을 지녔다!

지금으로부터 약 100만년 전, 대서양에 존재한 것으로 여겨지는 전설의 대륙. 수도 포세이도니아는 고리 형태의 육지와 운하로 이루어졌으며, 먹을 것도 풍부하고 해외와의 무역도 번성했다고 한다. 또한 과학기술도 발달하여 아틀란티스인들은 '오리하르콘(➡P254)'이라 불리는 신비한 금속으로 비행기나 자동차를 만들었다. 그러나 1만 2000년 전, 거대한 지진과 해일로 인해 바닷속에 가라앉았다고 한다. 최근 세계 각지에서 아틀란티스의 흔적으로 보이는 것들이 발견되고 있다. 순식간에 가라앉은 전설의 대륙은 어떤 곳이었을까?

**신비한 금속으로 만든 비행기**
아틀란티스에서는 오리하르콘(➡P254)이라는 금속을 가공하는 기술이 있었으며, 비행기 등을 만들었다고 한다.

◁ 고리 형태의 육지가 특징인 수도 포세이도니아.

## PART 1 신비로운 대륙

### 아틀란티스 대륙

**DATA**

| | |
|---|---|
| 소재지 | 대서양 |
| 시 대 | 100만~1만 2천년 전 (기원전 10000 ~기원전 100세기) |
| 분 석 | 비행기를 만드는 기술 등을 통해 아틀란티스는 현대와 동급 혹은 그 이상으로 발전했음을 알 수 있다. |

대륙 MAP — 여기

# 대추적

## 아틀란티스 대륙의 비밀에 접근한다!
### 100만년 전에 번영했던 초고대문명

### 아득히 먼 옛날에 번영했던 고도의 문명

고대 그리스의 철학자 플라톤이 전한 아틀란티스 대륙은 지금으로부터 100만년 전에 이미 번영을 이루었으며, 1만 2000년 전에 바닷속에 가라앉았다. 그곳에는 현대를 능가하는 문명이 존재했다고 한다. 100만년 전이라고 하면 석기밖에 없었을 터. 상식을 뛰어넘는 대륙의 모습을 검증한다.

#### 가능성 1 인류와는 다른 문명인가?!

인류 문명의 탄생은 지금으로부터 약 5000년 전이라는 것이 현재의 상식이다. 그러나 플라톤의 기록에 의하면 아틀란티스 대륙은 100만년 전에 이미 존재했다는 얘기가 된다. 즉 우리의 문명과 전혀 다른 문명일 가능성이 높다.

#### 검증 1 자연과 과학이 조화를 이루었다?!

플라톤은 저서에서 아틀란티스의 수도 포세이도니아에 대해 '2중 고리 같은 형태의 육지와 운하로 둘러싸였으며, 바다와 이어져 있다. 육지에는 남아돌 정도의 음식이 만들어졌다.'라고 적었다. 또한 훗날 연구자 스콧 엘리엇에 의하면 아틀란티스인들은 오리하르콘이라 불리는 초금속으로 공중을 나는 배를 만들었다고 한다. 이를 통해 풍부한 자연과 과학이 조화를 이룬 도시였다고 볼 수 있다.

## 가능성 2 - 현대보다 뛰어난 문명을 보유했다?!

연구자들에 의하면 아틀란티스 대륙에는 현대보다 문명이 뛰어났다고 한다. 그 예를 살펴보자.

### 검증 2

#### 과학의 힘으로 가축을 만들었다?

아틀란티스인들은 생명과학을 연구하는 기술이 뛰어나 쌀이나 보리 같은 곡물과 가축을 기르는 것이 아니라, 놀랍게도 성장한 상태로 만들어낼 수 있었다고 한다.

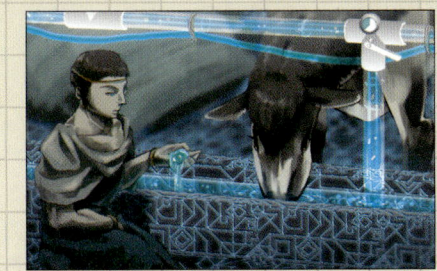

#### 태양의 빛을 에너지로 변환했다?

아틀란티스의 사람들은 태양 빛을 유리로 된 통 안에 모으고 이를 에너지로 변환할 수 있었다고 한다. 현대에도 솔라 패널 등 전기를 만드는 기술은 존재하지만 이를 100만 년 전에 이루었다니?!

### 결론 - 아틀란티스인들은 무척 진보된 문명을 지녔다

과학과 자연의 조화를 이루거나 태양의 힘을 이용해 에너지를 만드는 등 아틀란티스 대륙의 사람들은 우리가 현대에 와서야 얻게 된 고도의 지식과 기술을 지녔던 것으로 보인다.

## 대륙의 위치를 나타낸다?! 세계 각지에 남은 유적

신비로운 대륙은 어디에 있었을까…

# 아틀란티스의 위치를 나타내는 증거

아틀란티스 대륙이 어디에 있었는가에 대해서는 긴 시간 동안 여러 의견이 존재했다. 플라톤에 의하면 '대서양 한가운데'라고 하지만 그 위치를 나타내는 결정적인 증거는 발견하지 못했다. 아틀란티스 대륙의 흔적으로 보이는 세계 각지의 유적을 검증해보자.

### 증거 1 - 비미니 로드

1968년, 미국의 비미니 섬 해저에서 거대한 돌로 이루어진 통로 같은 유적이 발견되었다. 게다가 그 유적의 연대를 조사해보니 약 1만 5000년 전의 것으로 판명. 아틀란티스 대륙이 바다에 가라앉은 것은 1만 2000년 전. 이 통로가 만들어지고 3000년 뒤에 대륙이 가라앉았다고 하면 시기적으로는 일치한다.

◀돌을 깎아서 만든 통로로 보이는 유적. 그 밖에도 벽이나 기둥 같은 부분이 발견되었다.

20세기 최대의 예언자 에드거 케이시는 1940년에 '1968년이나 69년에 아틀란티스 대륙의 유적이 해저에서 발견될 것이다'라고 예언. 실제로 해저유적이 발견되어 큰 소란이 일어났다. 여러 예언이 들어맞은 케이시는 아틀란티스의 비밀을 알고 있었던 것일까?

◀미국의 예언자 에드거 케이시. 최면 상태에서 예언을 했다.

## 증거 2 - 귀마르의 피라미드

아프리카 대륙 북서쪽, 카나리아 군도의 테네리페 섬의 마을 귀마르에서 계단 형태로 돌을 쌓아 만든 피라미드가 발견되었다. 조사에 의하면 이 피라미드는 현지 주민들이 만든 것이 아니라고 한다. 왜냐면 주민들에겐 이 피라미드에 사용된 돌을 가공할 기술이 없었기 때문이다. 게다가 사용된 돌은 해당 지역에서 나오는 것이 아니라는 사실도 알아냈다. 신기하게도 같은 기술이 사용된 피라미드는 대서양을 둘러싼 멕시코에서 여럿 보인다. 대서양에 존재한 아틀란티스 대륙의 돌과 피라미드 제조기술이 카나리아 군도와 멕시코에 전해진 것이라 생각할 순 없을까?

◀돌을 계단 형태로 쌓아 올린 피라미드가 6개 존재한다. 전부 계단이 서쪽을 향하도록 건설되었으며, 건축기술만이 아니라 정확하게 방향을 계산하는 천문학 지식도 도입한 것으로 보인다.

### 결론 - 아틀란티스의 위치를 결정짓는 것은 향후의 조사에 맡긴다!

아틀란티스 대륙의 흔적이 아닐까 생각되는 장소가 대서양을 중심으로 여럿 발견되고 있지만 전부 결정적인 증거라고 말할 순 없다. 하지만 아틀란티스가 바다에 잠기면서 여러 부분으로 쪼개졌을 가능성은 없을까? 그렇다면 각지에 존재하는 유적을 연결해 조사해야 한다. 더욱 자세한 조사가 필요하다!

# 무 대륙

**왕이 열 개의 민족을 지배한 고도의 문명**

## 거대한 석조 건물이 늘어서고 금은보화가 넘쳐났다!

12000년 전까지 태평양에 '무'라는 광대한 대륙이 존재했다. 이때 대부분의 인류는 나무와 풀, 흙으로 만든 집에서 살며 금속도 아직 없었다. 그런데 무 대륙에서는 금과 은, 상아로 만든 거대한 석조 건물이 늘어서 있었다고 한다. 그곳에서 '라 무'라는 왕이 국민 6,400만명을 지배했다. 그들은 피부색이 다른 열 종류의 민족으로 구성되어 있었으나, 전쟁을 하지 않고 평화롭게 지냈다.

이처럼 높은 문명을 지녔던 무 대륙은 대지진과 해일로 하룻밤만에 바닷속에 가라앉고 만다.

> **라 무**
> 대부분의 나라에서 아직 신분의 격차도 존재하지 않던 시절, 무 대륙에서 '라 무'라는 왕이 전 세계에 17개의 식민지를 가지고 있었다고 한다.

# PART 1 신비로운 대륙

## 무 대륙

◐ '무라 불리는 왕국이 큰 재해로 인해 가라앉았다'는 전설을 마야 문자로 적은 '트로아노 그림문서'

### DATA

| | |
|---|---|
| 소재지 | 태평양 |
| 시 대 | 12000년 전 (기원전 100세기) |
| 분 석 | 무의 사람들은 전 세계에 문명을 전파했다. 일본의 요나구니 섬 해저유적 외에도 무의 흔적으로 보이는 것이 각지에 존재한다. |

대륙 MAP — 여기

# 대추적

## 무 대륙의 증거는 진짜일까?

아직 밝혀지지 않은 신비로운 대륙

### 무 대륙은 존재했다?!

1926년 영국의 고고학연구가 제임스 처치워드가 출판한 서적으로 인해 그 존재가 세계적으로 알려진 무 대륙. 그러나 무 대륙이 정말 존재했는지는 아직 의견이 분분하다. 무 대륙의 흔적으로 보이는 유적을 철저하게 검증한다!

## 증거 1 오컬트 비문에 적혀 있다!

제임스 처치워드가 쓴 《잃어버린 무 대륙》에 의하면 그가 군인으로 인도에 건너갔을 때 한 절에서 고승이 '나칼 비문'이라는 점토판을 보여주었다. 점토판을 해독하니 그것은 나칼(성스러운 형제)이라 불리는 사람들이 적은 무 대륙의 역사 기록이었다고 한다. 그것이 사실이라면 무 대륙의 존재를 뒷받침하는 중요한 증거다!

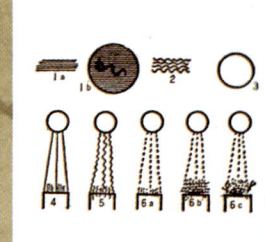
▲나칼 비문에 적혀 있었다는 문자. 처치워드는 2년에 걸쳐 해독했다고 한다.

## 검증 1 비문은 꾸민 얘기?

처치워드는 비문을 아무에게도 보여주지 않고 절의 이름도 밝히지 않은 채 사망했다. 승려의 요청 때문이었다고 하지만, 처치워드의 이름이 영국군 기록에 없다는 점을 들어 전부 꾸민 얘기라는 설도 있다. 그러나 비문은 미국이 인도 정부와 교섭해 자국으로 가져갔다는 소문도 있다. 미국이 독자적으로 연구하고 있다는 뜻인데, 그게 정말이라면 하루빨리 비문이 공개되길 기다리자.

▲나칼 비문을 해독했다고 하는 제임스 처치워드.

## 증거 2 · 세계 각지에 무의 흔적이?!

무 대륙의 확실한 증거는 아직 발견되지 않았지만, 태평양의 섬들을 중심으로 무 대륙과 관계가 있지 않을까 하는 장소가 발견되고 있다. 해저에서 유적이 발견된 오키나와현의 요나구니 섬, 모아이 석상으로 유명한 이스터 섬, 거대 유적이 존재하는 난 마돌이 그 대표적인 예다.

▲요나구니 섬의 유적, 이스터 섬, 난 마돌. 태평양에 위치하며 높은 기술로 만들어진 거석 건조물이라는 공통점을 지니고 있다.

### 검증 2 · 난 마돌은 특히 신빙성이 높다

난 마돌 유적은 인력으로는 불가능할 정도의 발달된 기술로 만들어졌으며, 현지에서는 '한 형제가 마법으로 건설했다'는 전설이 전해진다. 나칼 비문에 의하면 무의 왕은 나칼(성스러운 형제)이라 불리는 사람들을 전 세계에 파견하여 문명을 이루게 했다고 한다. 이 형제가 나칼이라고 생각하면 납득이 간다. 높은 문명을 지닌 무의 사람들이라면 난 마돌을 세우는 것도 간단했으리라.

▲미크로네시아 연방의 폰페이 섬 동쪽에 있는 난 마돌. 바다 안에 돌을 쌓아 세운 90여개의 작은 섬으로 이루어져 있다.

PART 1 신비로운 대륙 — 무 대륙

# 무 대륙은 정말 침몰했을까?

일찍이 무 대륙이 존재했다는 증거는 앞 페이지에서 밝혔다. 그럼 높은 문명을 이루고 크게 번영한 거대 대륙이 왜 멸망하고 말았을까. 거대한 지진이나 해일로 모든 것이 바다에 가라앉았다는 설이 유력하다. 그리고 그 지진과 해일은 화산의 대분화가 원인이었을 가능성이 높다고 한다. 이번에는 무 대륙이 어떻게 침몰했는지 그 증거를 살펴보자.

## 증거 3 고문서에 분화와 홍수의 기록이!

사실 처치워드의 나칼 비문 발견보다 6년 전에 무 대륙에 대해 적힌 서적이 하나 더 발견된 상태였다. 프랑스의 신부 브라쇠르가 해독한 《토로아노 그림문서》이다. 그 문서에는 무 대륙의 멸망상태가 자세히 적혀 있다. '지하의 불'이라는 것은 아마 화산의 분화일 것이다. 무 대륙은 화산 폭발로 인한 지진과 해일로 가라앉은 것이다!

### 토로아노 그림문서

칸 6년, 11 무르크, 사쿠의 달에 무시무시한 지진이 일어났다.

13 츄엔까지 그치지 않고 계속되었다.

언덕의 나라 무 대륙은 멸망의 운명을 맞이했다.

지하의 불 때문에 대지는 끊임없이 흔들리고,

땅 여기저기가 뒤집히고 가라앉았다.

열 개의 나라들이 붕괴했다.

그리고 6,400만의 주민은 나라와 함께 사라졌다.

이 글을 쓰기 8060년 전의 일이다.

▲그러나 이 그림문서에는 의혹이 많다….

 **해독이 잘못되었다?!**

16세기 스페인의 교구 란다가 마야 문자를 해독. 토로아노 그림문서는 마야 문자로 쓴 것이기에 브라쇠르는 란다의 서적을 기반으로 토로아노 그림문서를 해독했다. 그런데 란다의 해독은 잘못된 것이라는 부정파가 나타났다. 따라서 브라쇠르의 해독도 잘못된 것이며 그림문서에는 무 대륙의 침몰 따윈 적혀 있지 않다는 것이 그들의 주장이다.

## 검증 ③ 태평양 해저에서 과학적 근거를 발견!

무 대륙이 존재했을 것으로 여겨지는 지역은 지구상에서 가장 화산이 많은 곳. 2013년 태평양 해저에서 지구는 물론이고 태양계에서 가장 큰 화산 '타무 산괴(山塊)'가 발견되었다. 그 크기는 일본 열도와 비슷할 정도라 한다. 무 대륙은 이 거대한 화산의 분화로 가라앉았다고 생각하는 게 자연스러울 것이다.

▲일본 앞바다 1,600km에 존재하는 타무 산괴. 그 체적은 지금까지 태양계에서 가장 큰 화산이었던 화성의 올림푸스 산을 제쳤다.

## 결론  무 대륙은 존재하며 화산으로 침몰했다!

태평양 각지에는 무 대륙의 흔적으로 보이는 고도의 문명의 흔적이 여기저기 존재하고 있음을 알게 되었다. 무 대륙 멸망에 대해 적힌 《토로아노 그림문서》는 가짜라는 의혹이 있지만, 이후의 조사에서 거대한 화산이 발견된 점을 고려해 대규모 분화가 있었다는 것은 사실일 가능성이 커졌다. 무 대륙은 역시 존재했으며 바닷속에 가라앉았을 것이다.

# 레무리아 대륙

**5000만년 전 인도양에 존재했다?!**

## 존재했던 장소와 연대에 두 가지 설이 있다!

아프리카의 마다가스카르 섬에만 있는 여우원숭이의 화석이 바다 건너 인도에서 발견되었다. 이를 통해 '옛날에는 마다가스카르 섬과 인도가 육지로 이어져 있었다'는 설이 생겼고, 그 둘을 잇는 레무리아 대륙의 존재를 알게 되었다. 그러나 유명한 영능력자인 블라바츠키 부인은 이에 반대하며 '레무리아 대륙은 태평양에 있었다'고 말했다. 그녀는 영능력자로 1850만년 전에 금성의 신이 레무리아 대륙에 찾아와 문명을 발전시켰다고 주장했다. 지금은 바다에 가라앉았다는 레무리아 대륙. 대체 어디에 있으며 왜 침몰했을까? 진상은 여전히 수수께끼이다.

◀인도와 마다가스카르 섬은 약 3,500km 정도 떨어졌다.

◀레무리아 대륙 발견의 계기가 된 여우원숭이. 학명은 '레무르'. 여기서 따와 신비로운 대륙에 레무리아라는 이름이 붙었다.

### 지식의 기록

레무리아인은 침몰을 예지하고 그 높은 지식을 수정에 기록했다. 현대인처럼 지혜를 후세의 사람들에게 전하려 했던 것이다.

# 마갈라니카

**탐험가들이 찾아 헤매던 파라다이스**

## 자원과 보물을 품은 미지의 남방 대륙?!

고대 그리스 시대부터 남반구에 존재한다 여겨지던 전설의 거대 대륙.

마갈라니카에 자원과 보물이 풍부하리라 여긴 유럽의 권력자는 그곳에서 부를 얻기 위해 탐험가에게 신대륙 발견을 명령했다. 1642년 마갈라니카로 보이는 대륙을 발견했으나 그것은 지금의 뉴질랜드였다. 1820년에도 새로운 대륙을 발견했으나 그것은 얼음과 눈만이 존재하는 작은 남극대륙이었다.

여전히 발견되지 않은 마갈라니카. 육지로 발견하지 못했다는 것은 어쩌면 바닷속에 잠들었다는 뜻인지도 모른다….

### 이름의 유래는 마젤란

마갈라니카(스페인어로 마젤라니카)는 이전까지 발견되지 않았던, 남극의 대륙으로 여긴 푸에코 섬을 발견한 마젤란의 이름에서 딴 것이라고 한다.

◁16세기에 지리학자 메르카토르가 그린 지도. 오렌지색 부분이 마갈라니카. 남극이 발견되기 전까지 지도에 그려 넣었다.

**PART 1 신비로운 대륙**

## 마갈라니카

### 타스만이 발견

1642년 탐험가 타스만이 마갈라니카를 발견. 그러나 1769년에 쿡 선장을 통해 뉴질랜드임이 밝혀졌다.

### DATA

- **소재지**: 남반구
- **시대**: 2600~200년 전 (기원전 6세기~19세기)

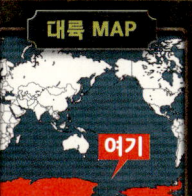

대륙 MAP — 여기

**분석**: 당시 사람들은 북반구에 거대한 대륙이 있으니 남반구에도 비슷한 대륙이 존재할 것이라 생각했다고 한다.

# 하이브라질

## 안개 속에서 섬이 7년에 한 번 나타난다?!

영국
유럽

◀ 붉게 표시된 부분이 하이브라질. 이 섬이 처음 지도에 등장한 것은 1375년으로 1870년까지 진지하게 탐색되었다.

### 주술을 부리는 마술사

하이브라질은 '진실의 땅', '생명의 섬' 등으로 불렸다고 한다. 이 섬에는 거대한 석조 성이 존재하며, 마술사가 홀로 주술을 부리며 산다고 한다.

## 단 한 명의 마술사와 검은 토끼가 사는 신비한 섬

옛날부터 뱃사람들에게 자주 목격된, 7년에 한 번 아일랜드 앞바다에 모습을 드러낸다는 섬.

1674년 배를 몰던 니스벳 선장과 선원들 앞에 짙은 안개 속의 거대한 섬이 나타났다. 일행이 상륙해보니 홀로 성에 사는 마술사와 검은 토끼 무리가 맞이했다. 그 마술사의 말에 따르면 이 섬은 평소에는 결계를 둘러 발견할 수 없으나, 가끔 결계가 풀려 사람들 눈에 띈다고 한다. 신비의 섬은 지금도 조용히 결계에 둘러싸인 채 바다에 떠 있을지도 모른다.

**PART 1 신비로운 대륙**

## 하이브라질

**DATA**

- 소재지: 아일랜드 만
- 시대: 700~150년 전 (14~19세기)
- 분석: 7년에 한 번 모습을 드러낸다는 현상이 기후와 관련된 것이라면 관측을 계속해 발견할 수 있을지도 모른다.

대륙 MAP — 여기

## 고대특별조사부의 조사보고서 1 — TOP SECRET

### 충격적인 새로운 사실 발견!
# 지구는 하나의 대륙이었다

고대의 비밀 중에서도 특히 충격적인 비밀의 진상을 조사하기 위해 결성된 고대특별조사부. 여기서는 지구가 하나의 대륙이었다는 '대륙이동설'에 대해 보고하겠다. 1912년 독일의 지구물리학자 베게너가 발표한 설로 2억 2500만년 전의 대륙은 지금과는 전혀 다른 형태였다는 설이다. 그 충격적인 사실을 파헤쳐보자!

### 일찍이 모든 대륙은 하나로 이어져 있었다

베게너는 현존하는 6개 대륙의 해안선이 퍼즐처럼 딱 맞는다는 것을 발견. 이를 통해 지구는 하나의 대륙이었다는 설을 세운다.

**판게아 대륙 전도**

현재의 우리나라는 요 부근에 있었으리라 보고 있다.

베게너는 이 대륙에 그리스어로 '모든 육지'라는 의미의 '판게아 대륙'이라는 이름을 붙였다.

## 근거 | 바다를 건널 수 없는 생물의 화석이 세계 각지에서 발견되었다!

당시 생존하던 리스트로사우루스라는 포유류형 파충류(단궁류)의 화석이 세계 각지에서 발견된 것이 해당 설의 근거가 되었다. 그럼 대륙은 어떻게 이동했을까? 아래 그림으로 움직임을 살펴보자.

**대륙분열 상태**

▲2억년 전, 판게아 대륙은 분열을 시작해 '로라시아 대륙'과 '곤드와나 대륙'으로 나뉘었다.

▲1억년 전부터 현대에 걸쳐 곤드와나 대륙도 분열해 현재와 같은 모습이 되었다.

◀1억년 전, 로라시아 대륙이 '북아메리카 대륙'과 '유라시아 대륙'으로 나뉘었다.

## 결론 | 지구가 하나의 대륙이었다는 지구이동설은 사실이다!

퍼즐처럼 딱 맞는 해안선과 화석의 발견을 통해 대륙이동설은 사실인 것으로 보인다. 지금도 계속 이동 중인 지구상의 대륙. 신비로운 대륙도 대륙이동으로 인해 사라진 것인지도 모른다….

## 고대 미스터리 신문

### 지구상의 고대문명을 지워버렸다?!
# 세계의 홍수전설

**모든 것을 휩쓴 40일간의 대홍수**

기독교와 유대교의 가르침이 적힌 《구약성서》. 그 안에 유명한 전설인 '노아의 방주'가 있다.

그 내용은 지금으로부터 약 1만 2000년 전, 세계에 악이 번성하는 것을 본 하느님이 전 세계를 휩쓰는 대홍수를 일으켜 인류를 멸망시키려 했다. 하느님은 마음이 깨끗한 인간인 노아와 그 가족에게 거대한 방주를 짓고 온갖 동물의 암컷과 수컷을 한 마리씩 태우도록 명했다. 노아가 방주를 만들고 얼마 지나지 않아 엄청난 비가 내리기 시작했다. 그 비는 40일간 계속되며 곧 전 세계에 대홍수가 일어났다.

홍수 이후 방주는 터키의 아라라트 산에 도착했다. 살아남은 노아는 물이 빠졌음을 알고 제단을 세워 하느님에게 기도와 제물을 바쳤다.

그러자 하느님은 노아와 그 가족을 축복하고 두 번 다시 이런 재앙이 일어나지 않음을 약속하며 그 증거로 하늘에 무지개를 보여주었다. 그리고

노아와 그 가족, 동물들은 새로운 가족을 만들어 나갔다고 한다···.

사실 이 대홍수는 단순한 전설이 아니라 실제로 일어났으며, 지구의 고대문명에도 막대한 영향을 끼쳤다는 설도 있다.

# 고대 미스터리 신문

B.C. XXXX년 ○월 ○일

## 각지에 남은 홍수전설이 의미하는 것은…

'노아의 방주'와 비슷한 전설이 세계 각지에 전해진다. 이런 이야기들은 홍수에서 살아남은 자가 새로운 세계를 만든다는 공통점이 존재한다.

### 1 메소포타미아 전설에 남은 가장 오래된 홍수전설

《구약성서》보다도 오래된, 가장 오래된 메소포타미아의 《길가메시 서사시》에는 우트나피쉬팀이라는 남자가 등장하는데 그는 노아와 같은 역할을 한다.

### 2 대홍수를 예언한 힌두교의 신

힌두교 신화에도 홍수전설이 존재한다. 세계를 수호하는 신 비슈나가 물고기의 모습으로 마음이 깨끗한 마누라는 남자에게 나타나 대홍수에서 살아날 방법을 예언해준다. 이후 세계에 대홍수가 일어나고 마누만이 살아남았다고 한다.

### 3 세계가 세 번 멸망했다는 호피족의 전설

아메리카 원주민인 호피족의 전설 중에는 지구가 지금까지 대홍수로 세 번 멸망했다는 전설이 있다. 현재의 세계는 네 번째인 셈이다.

대지를 사랑하는 마음씨 착한 호피족. 그들은 노래와 춤을 통해 세계를 파멸시킨 홍수전설을 전승했다.

### 세계의 전설은 원래 하나의 '진실'이었다?!

세계 각지의 문화도 언어도 다른 환경에서 이렇게 비슷한 대홍수 전설이 여럿 존재한다는 것은 홍수가 실제로 있었다는 뜻 아닐까….

고대 미스터리 신문  B.C. XXXX년 ○월 ○일

## 새 발견! 대홍수가 있었음을 나타내는 증거가 발견되다!

노아의 방주가 도착했다는 아라라트 산에서 1902년, 전 터키 육군병사가 높이 13미터, 길이 330미터의 거대한 상자 형태의 물체를 발견. 또한 1912년에 러시아군도 빙하에서 건조물을 발견했다. 둘 다 눈이 적은 시기에 발견된 것이다.

### 가설 - 대홍수를 일으킨 것은 운석 충돌?!

지구에 떨어진 거대 혜성으로 인해 세계에 대홍수가 일어났던 것일까….

전 세계의 생물을 휩쓴 대홍수 전설. 그 원인이 거대 혜성의 충돌이라는 설이 있다. 미국의 과학자인 리처드 파이어스톤은 대홍수가 일어났다는 약 1만 2000년 전의 지층에서 동식물이 고온에 불탄 흔적과 지구에 존재하지 않을 매우 작은 크기의 나노 다이아몬드를 발견했다고 발표. 이는 운석의 조각이며, 역시 운석은 충돌했을 것이다.

### 편집 후기

세계 각지에 존재하는 홍수전설과 아라라트 산에서 발견된 방주의 흔적을 통해 지구 규모의 대홍수는 실제로 일어났으리라 보고 있다. 그런 대홍수가 당시 지구에서 번영하던 고대문명을 지워버린 것인지도 모른다.

# PART 2

# 잃어버린 고대문명과 도시

고대 지구에 존재했다는 발전된 문명과 도시. 그러나 그것들은 원인불명의 멸망을 맞이했다. 과연 이들 문명은 누가 세웠으며 왜 멸망했을까.

고대문명—
그것은 신화와 유적,
다양한 출토품을 통해
몇 천 년이나 전에
존재했을 것으로
여겨지는 문명이다.

인류는 자신들의 문명이
어떻게 탄생하고
퍼져 나갔는지 알아내기 위해
오랜 세월 연구를 거듭했다.
그러나 그 대부분은 여전히
수수께끼에 둘러싸여 있다—

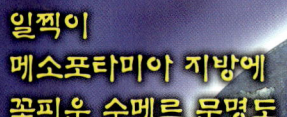

## 수메르 문명

일찍이
메소포타미아 지방에
꽃피운 수메르 문명도

비밀로 가득한
고대문명 중 하나이다—

"어떠냐, 지배는 순조롭나?"

"네!"

"그런데 노예가 부족하다는 문제가…."

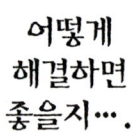

"어떻게 해결하면 좋을지…."

"흐음…."

"어쩔 수 없군. 비장의 수를 쓰는 수밖에."

지배력을 확대하기 위해 더욱 많은 노예가 필요했던 아눈나키는

원시인과 자신들의 DNA를 섞어 노예를 늘리려 했단다—.

"…그 노예가 여기 그려져 있지."

# 수메르 문명

세계에서 가장 오래된 문명과 외계인은 무슨 관련이?

◀ 수메르의 도시에는 벽돌을 쌓아올려 만든, 지구라트라는 이름의 피라미드형 신전이 존재한다. 이를 통해 고도의 건축기술을 지녔음을 알 수 있다.

**엄청난 고도의 문명**
세계에서 가장 오래된 문명이자 문자, 시간 계산법, 철학, 종교, 예술 등 여러 지식을 갖추었다.

## 고도의 문명은 외계인한테 배운 것?!

기원전 3500년 즈음 현재의 이라크에 수메르인이 세운 문명. 고도로 발전된 문명이 갑자기 나타났다는 것이 특징이다. 문자의 발명, 금속 가공, 천문학 등 다방면에서 발달했으나 어디에서 유래한 것인지는 불분명하다. 신화에 따르면 자신들을 만든 것은 아눈나키라는 신이라 적혀 있다. 수메르 유적에서 발굴한 인간형 조각은 눈이 이상할 정도로 커서 그야말로 외계인 같다. 사실 아눈나키는 외계인이며 수메르인은 외계인에게 지식을 받은 것인지도 모른다. 그것이 사실이라면 갑자기 나타난 고도의 문명에 대해서도 설명이 가능한데….

# PART 2 잃어버린 고대문명과 도시

## 수메르 문명

### 아눈나키
신의 이름인 아눈나키는 수메르어로 '하늘에서 땅으로 내려온 자'라는 의미.

### DATA
- **소재지**: 이라크 남부
- **시대**: 5500년 전 (기원전 36세기)
- **분석**: 티그리스 강과 유프라테스 강 사이에서 태어난, 세계에서 가장 오래된 문명. 수메르인들이 어디에서 왔는지는 여전히 수수께끼이다.

문명 MAP: 여기

# 대추적

## 갑자기 나타난 수수께끼의 문명

메소포타미아 지방에서 번성한 수메르 문명. 인류 최고(最古)의 문명이라 여겨지나 수수께끼로 가득하다. 보통 문명은 어디에서 왔는지 전해지며 점점 발전해 나간다. 그러나 수메르 문명은 발전된 상태로 역사에 등장했다. 그렇기에 외계인이 만들었다는 설이 있다. 여기서 이를 검증해보자.

### 가능성 1 ── 수메르인은 주변 민족과 다르다?!

수메르 문명이 어떻게 생겨났는지 모른다는 것은 앞에서 말했지만 지금까지의 연구에 의하면 수메르인이 어느 민족인지도 불명이다. 역시 수메르인은 외계인 아눈나키가 만들어 낸 것이 아닐까?

## 수수께끼의 문명은 어디에서 왔는가

## 수메르인은 외계인이 만들었다?!

### 검증 1 ── 주변민족과 특징이 다르다

메소포타미아에는 훗날 아카드 왕국을 세우는 셈족이 많이 살고 있었으나 수메르인은 그들과 다른 민족이었으며 겉모습도 많이 달랐다고 한다. 언어도 셈족의 것과 발음도 문자도 다른 것을 사용했다.

▶수메르인의 이미지. 눈과 코가 크며 다른 민족과는 다른 특징을 지녔다.

## 가능성 2 - 신화에 묘사된 신은 외계인?!

수메르 문명이 어디에서 온 것인지 모른다는 것은 즉 '누군가가 만들었을' 가능성이 높다는 뜻. 수메르 신화에는 '하늘에서 내려온 자'라는 의미의 '아눈나키'라는 신이 있다. 하늘에서 내려왔다는 것은 즉 우주에서 온 외계인을 말하는 것은 아닐까.

### 검증 2

#### 아눈나키는 생물을 만들어내는 힘을 지니고 있었다!

신화에 따르면 아눈나키는 자신들을 위해 일할 노동자를 늘리려고 원숭이와 자신들의 DNA를 섞은 생물을 만들었다. 그것이 수메르인이라 한다. 수메르인이 남긴 점토판에는 DNA 교배로 생물을 만드는 상황으로 보이는 모습이 묘사되어 있다. 역시 아눈나키는 신화대로 노동자를 만들어낸 것일까?

▶수메르인이 신이라 떠받드는 아눈나키. 하늘에서 내려와 노동자로 부리려고 수메르인을 만들었다고 한다.

### 결론 - 수메르인은 외계인 아눈나키가 만들었다!

수메르인은 다른 민족과 명백히 다른 특징을 지녔다. 그리고 이 땅에 전해지는 신화대로 아눈나키는 당시 지구에 존재하지 않았을 뛰어난 기술을 지니고 있었다. 이를 통해 수메르인은 외계인이 만들었을 것이라 보인다.

---

**PART 2 잃어버린 고대문명과 도시 — 수메르 문명**

# 검증
## 수메르 문명은 외계인이 만들었다?!

인류의 역사라고는 생각하기 힘든 증거가 여럿 발견!

## 수메르 문명과 우주의 연결고리를 찾는다

수메르 문명이 갑자기 지구에 나타난 것은 앞에서 말했지만, 과연 정말로 외계인에 의해 만들어진 문명이었을까? 여기에서는 수메르 문명이 어떠한 것이었는지 조금 더 자세히 살펴보면서 외계인과의 연결고리를 찾아보도록 하자.

### 증거 1 — 다른 민족에겐 없는 고도의 문명!

수메르인이 발명한 쐐기문자는 세계 첫 문자이다. 나아가 금속을 합성하는 기술, 측량기술, 시간 계산법, 종교, 철학, 정치 등 현재에도 사용되는 여러 가지가 처음부터 존재했다. 이는 다른 민족에게선 찾아볼 수 없다.

▲점토판에 새겨진 쐐기문자. 처음에는 물건이나 동물의 수를 적기 위한 기록을 위해 만들어진 것으로 보고 있다.

### 증거 2 — 천문학 지식도 존재했다!

수메르 문명 중에서도 특히 주목할 만한 것은 고도의 천문학 지식이 존재했다는 점. 예를 들어 천왕성은 18세기에 발견되었으나 수메르인들은 이미 그 존재를 알고 있었으며, 태양계 행성의 정확한 위치를 *부조로 남겼다. 외계인에게 우주의 지식을 배운 것일까?

▲천왕성은 1781년에 발견되었을 텐데….

※부조: 평평한 면에 글자나 그림 따위를 도드라지게 새기는 일.

## 증거 3  부조로 그려진 UFO

수메르인이 남긴 부조에는 UFO처럼 보이는 형체가 등장한다. 원반에 새의 날개 같은 것이 그려졌다는 것이 특징. 고고학자인 제카리아 시친에 의하면 이 UFO는 '신들'이라는 의미의 '딘기르'라고 한다.

▲중앙에 UFO처럼 생긴 것이 존재한다.

## 증거 4  우주복을 입은 여신 부조

수메르 문명의 유적에서 출토된 여신 이슈타르 조각상은 헬멧을 쓰고 우주복처럼 생긴 옷을 입고 있는 독특한 모습을 하고 있다. 이슈타르는 최초로 지구에 온 아눈나키의 딸이라는 여신이다. 고고학자 제카리아 시친에 의하면 이슈타르가 쓴 헬멧은 '슈가르라'라고 하며 '먼 우주로 보내는 존재'라는 의미라고 한다.

◀현대의 헬멧과 비슷한 것을 쓰고 있다.

### 결론  수메르 문명은 외계인이 만들었다고 볼 수밖에 없다!

수메르의 발전된 문명 곳곳에서, 그리고 우주와의 연결고리를 나타내는 증거를 통해 수메르 문명은 우주와 관련이 크다는 것을 알 수 있다. 또한 수메르인을 외계인이 만들었다고 볼 수 있다는 점에서 수메르 문명 또한 외계인이 만들었을 것으로 보인다.

# 바빌론

## 공중정원과 바벨탑이 우뚝 선

▲7층 구조로 높이가 90m나 돼서 전설의 바벨탑이 아닌가 하는 말도 있는 에테멘안키 유적. 지금은 탑의 토대만이 남아 있다.

## 전 세계 어디에서도 찾아볼 수 없는 고층건축물이 존재했다!

신(新) 바빌로니아 수도에서 왕인 네부카드네자르 2세가 '바빌론의 공중정원'을 건설했다. 110미터나 되는 높이의 토대 위에 만들어져 멀리서 보면 공중에 뜬 것처럼 보여 그런 이름이 붙었다.

또한 같은 시대에 '에테멘안키'라는 높은 탑이 완성됐다. 이것이 기독교 신앙의 기반이 된 구약성서에 등장하는 하늘까지 닿는 탑, '바벨탑'의 모델이라는 말도 있다.

당시 전 세계를 뒤져봐도 찾아볼 수 없는 높이의 건조물이 여럿 존재했던 바빌론은 고도의 건축기술을 갖췄던 것이다.

# 알렉산드리아

클레오파트라도 살던 대도시

◀1994년에 알렉산드리아의 해저에서 거석이 발견된 이후 등대의 조각과 고대 이집트의 유적 등이 차례차례 발견되고 있다.

◀고대 로마시대에 알렉산드리아에서 만든 동전. '알렉산드리아의 등대'와 배가 조각되어 있다.

## 전설의 등대 흔적이 해저에서 발견되었다!

2300~2000년 전에 번영을 이룬 이집트의 도시. 전설에 의하면 '알렉산드리아의 등대'가 존재했다고 한다. 등대의 꼭대기에는 거대한 거울이 있어 낮에는 태양빛을, 밤에는 불빛을 반사해 바다를 비췄다. 이 반사경을 빔처럼 적의 배에 쬐어 불태우는 등 등대를 무기로도 사용했다. 하지만 1200년 전과 700년 전, 두 번의 거대한 지진으로 등대는 바다에 가라앉았다고 한다.
최근 해저조사에서 등대의 조각으로 보이는 거석이 발견되었다. 오랫동안 전설로 남았던 등대는 정말로 존재했던 것이다.

PART 2 잃어버린 고대문명과 도시

알렉산드리아

### 등대의 특징
높이가 134m로 매우 높아 24km 떨어진 곳에서도 꼭대기의 빛을 볼 수 있었다고 한다.

## DATA

**소재지**: 이집트 나일강 하구

**시대**: 2300~2000년 전 (기원전 3~1세기)

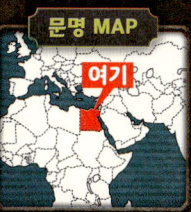
문명 MAP — 여기

**분석**: '알렉산드리아의 등대'는 이집트 쿠푸왕의 피라미드에 이어 당시 세계에서 두 번째로 높은 건물이었다.

71

# 페트라

### 도적이 보물을 숨긴 고대왕국의 수도

◀ 페트라 유적 중에서 가장 큰 건물인 에드 딜은 높이가 45m. 알 카즈네에서 850단의 계단을 오른, 표고 1000m의 고지대에 존재한다.

**페트라의 모습**

높이 43m의 알 카즈네를 시작으로 바위산에 신전과 묘, 극장 등을 잔뜩 건설했다. 2007년에 신(新) 세계 7대 불가사의로 선택되었다.

## 왕의 묘일까? 보물 창고일까?
## 바위산에 지어진 수수께끼 유적

기원전 2세기에 번성한 나바테아 왕국의 수도. 대지진으로 1000년도 더 된 옛날에 폐허가 되었지만 19세기에 발견되었다.
바위산을 파서 만든 '알 카즈네'는 페트라 안에서도 가장 유명한 건물이다. 그 이름은 아라비아어로 '보물'이라는 뜻으로, 도적이 이곳에 보물을 숨겼다는 전설에서 유래했다. 그러나 현재까지 보물은 발견되지 않았으며 지하에서는 유골이 나왔다. 건물의 거대함이나 보물이라는 이름을 통해 이곳은 신성한 왕족의 유골을 모시는 묘지가 아니었을까 하는 설이 유력하다. 발견하지 못한 전설의 보물이 페트라 어딘가에 잠들어 있을지도 모른다.

# 크노소스 궁전

## 괴물 미노타우로스가 갇힌

▲소 그림이 그려진 북측 출입구. 미궁을 영어로 '라비린스(Labyrinth)'라 하는데, 라비린토스에서 유래한 것이다.

### 궁전의 최후

방이 1,200개나 존재했던 크노소스 궁전. 기원전 1628년경 크레타 섬 근처에 있는 산토리니 섬의 화산 폭발로 붕괴했다.

## 괴물을 가두었다는 전설의 미궁은 실존했다!

그리스의 크레타 섬에는 한 전설이 전해져 내려온다. 이 전설에 따르면 기원전 2000년 즈음 크레타 섬에서 번영한 크레타 문명의 초대 왕국 미노스는 해신 포세이돈과의 약속을 어겨 천벌을 받았다. 그 천벌로 인해 미노스 왕의 아내는 머리는 소, 몸은 인간인 괴물 미노타우로스를 낳았다. 인간을 잡아먹을 정도로 흉포한 미노타우로스는 훗날 그리스에서 온 테세우스 왕자가 퇴치할 때까지 '라비린토스'라는 미궁에 갇혔다고 한다.

1900년, 크레타 섬에서 미궁으로 보이는 크노소스 궁전이 발굴되었다. 신화 속의 라비린토스는 실존했을지도 모른다.

**PART 2** 잃어버린 고대문명과 도시

크노소스 궁전

### DATA

- **소재지**: 그리스 크레타 섬
- **시대**: 4000~3800년 전 (기원전 20세기 ~기원전 18세기)
- **분석**: 한 번 들어가면 나올 수 없다는 미궁. 괴물을 가두기에는 딱이었을 것이다.

문명 MAP

# 폼페이
## 화산재에 묻혀 멸망한 도시

◀▲두터운 재의 층에 묻힌 사체는 이윽고 썩어서 사라지고 층 안에 빈 공간을 남겼다. 이것은 그 공간에 석고를 흘려 넣어 만든 형태이다.

## 300도의 초고온 가스가 부유한 마을을 집어삼켰다!

고대 로마 시대, 이탈리아의 나폴리 부근에 존재한 폼페이는 여러 주민과 가게, 공공시설이 늘어선 부유한 도시였다. 그러나 79년 8월 24일, 폼페이에서 10km 떨어진 베수비오 산이 분화. 300도의 화쇄난류(pyroclastic surge, 화산 가스와 연기가 섞인 것)가 시속 200km로 불어닥쳐 사람들은 순식간에 타 죽었다. 그 위에 6~7m의 화산재가 쌓여 도시는 겨우 하루만에 멸망했다고 한다.
18세기에 폼페이를 발굴하면서 분화에서 도망치지 못한, 발버둥치며 괴로워하던 당시 사람들의 생생한 모습이 밝혀지게 되었다.

# 하투샤

### 철과 말로 번영한 히타이트 왕국의 수도

◀하투샤 유적을 위에서 본 모습. 누군가 철저히 파괴한 것인지 현재에는 토대만이 남아 있다.

## 강대한 군사국가가 원인불명의 화재로 멸망?!

현재의 터키에 존재하던 히타이트 왕국의 수도. 높은 군사력으로 다른 나라를 정복했으나 기원전 1200년 즈음 갑자기 멸망. 그 원인에 대해서는 몇 가지 설이 있다. 우선 '바다민족'이라는 해적의 습격이라는 설. 그러나 강력한 국가가 단순한 해적에게 멸망한다는 것이 가능할까?

또한 유적에서 범상치 않은 화재로 인한 고열로 불탄 흔적이 발견되어 핵전쟁으로 멸망했다는 설(➡P102)도 있다. 하지만 핵폭탄이 존재했다는 증거는 없고, 진상은 여전히 수수께끼. 강력한 군사국가를 멸망시킨 것은 대체 무엇이었을까?

# 모헨조다로

**인더스 문명 최대의 도시는 핵전쟁으로 멸망했다?**

### 멸망 원인
유리처럼 변한 돌은 1500도의 고온을 짧은 시간 쬐어 만들어진 것이다. 대체 무엇이 마을을 습격한 것일까?

◀인더스강 유역에서 밀을 재배하고 가축을 기르며 발전한 모헨조다로. 최대 4만 명이 살았을 것이라 보고 있다.

## 고온으로 불탄 바위와 인골은 핵전쟁의 흔적?!

파키스탄에 있는 인더스 문명 최대의 도시 유적. 도시는 바둑판처럼 규칙적으로 설계되었고 상하수도도 존재했다고 한다.

이곳에서 유리처럼 변한 암석(➡P105)이 발굴되었다. 이는 단기간에 고온을 받아야 생기는 것. 인골에서도 고온으로 불탄 흔적이 존재하며, 무언가로부터 도망치는 듯한 자세로 쓰러졌다. 이를 통해 모헨조다로가 갑작스러운 고온에 당했다는 추측이 가능하다.

고도로 발전된 도시를 순식간에 불태워 허허벌판으로 만든 고온이란 대체 무엇이었을까? 그것은 고대 핵전쟁에서 쓰였다는 핵무기였을지도 모른다….

# 테오티우아칸

마치 신이 만든 듯한 장대한 도시

🔺유적의 전경. 왜 이런 웅대한 도시가 멸망한 것일까? 인구 증가, 가뭄, 전쟁 등 여러 가지 설이 있으나 여전히 수수께끼이다.

## 고도의 천문지식으로 피라미드를 건설

멕시코에 있는 도시 유적. 이곳을 건설한 사람들이 어떤 민족이고 왜 멸망했는지, 어디로 사라졌는지는 불명. 7세기부터 폐허가 되었으나 12세기에 아즈텍인이 찾아와 정착했다. 길 양쪽에 있는 피라미드에서 다수의 유골이 발견되어 아즈텍인은 유적 중심을 통과하는 길을 '죽은 자의 대로'라 불렀다. 이 '죽은 자의 대로'는 일부러 정북쪽에서 동쪽으로 살짝 어긋나게 지었다. 그렇게 하면 하짓날 '태양의 피라미드' 바로 정면으로 해가 지기 때문이다. 테오티우아칸을 만든 사람들은 고도의 천문기술을 지녔을 것이다.

**태양의 피라미드**

높이 65m. 하짓날 태양이 꼭대기에 다다르면 바로 그 아래에 피라미드의 정점이 위치하도록 계산해서 지었다.

PART 2 잃어버린 고대문명과 도시 — 테오티우아칸

## DATA

- **소재지**: 멕시코 멕시코시티 교외지역
- **시대**: 2200~1400년 전 (기원전 2세기 ~6세기)

유명 / 충격 / 기술 / 신비 / 진실

**문명 MAP**: 여기

**분석**: 유적이 너무나도 웅대해서 아즈텍인은 '신들의 도시'라는 의미의 '테오티우아칸'이라는 이름을 붙였다.

# 테오티우아칸의 목적은?

어떤 민족이 무슨 목적으로 만들었는지 모른다…

## 이름도 목적도 의문투성이인 유적

이 유적에 있는 '태양의 피라미드', '달의 피라미드' 같은 이름은 훗날 이주한 아즈텍인이 붙인 것이다. 테오티우아칸인은 문자가 없었기에 이 피라미드들을 뭐라 불렀는지, 어디에 사용했는지는 불명. 의문투성이인 테오티우아칸의 건설목적에 대해 검증한다!

### 가능성 1 태양을 숭상하는 제사 장소?

테오티우아칸인은 '사후세계는 물로 가득한 곳'이라 생각해 지하를 물로 가득 채웠다고 한다. 즉 지상의 건물은 태양의 움직임을 계산하여 만들고, 지하는 사후세계를 흉내내 만든 것이다. 태양이 뜨는 것을 인간의 '삶'에, 저무는 것을 '죽음'에 비유하며 태양을 받드는 의식을 치렀을 것이 분명하다.

▲유적 중심에 존재하는 '죽은 자의 대로'. 이곳에 물을 담았을까?

### 검증 1 의식에 사용된 유물이 발견되었다!

2003년 유적 지하에서 지하 터널이 발견되었다.
또한 2014년에는 터널 안에서 종교의식에 사용된 것으로 보이는 돌 조각과 보석, 조개 등이 나왔다.
조사 결과 종교의식에 사용된 것으로 보인다. 역시 제사 장소로 건설했을 가능성이 크다.

## 가능성 2 · 거대한 달력?

1년에 두 번, 4월 29일과 8월 12일에만 달의 피라미드와 태양의 피라미드 서쪽 정면으로 해가 저문다. 이 이틀은 우기와 건기의 시작을 알리는 날이다. 또한 당시의 길이 단위로 달의 피라미드는 105단위, 태양의 피라미드는 260단위로 만들어졌다. 이 숫자는 우기와 건기의 날수와 일치한다. 그러므로 피라미드는 우기와 건기를 알리는 거대한 달력이 아니었을까?

### 검증 2 · 천체관측소처럼 보이는 곳이 발견되었다!

피라미드가 매년 같은 날 태양과 겹친다는 것과 우기 및 건기 숫자와의 일치성은 우연이라 하기에는 너무나도 정확하다. 사실 테오티우아칸 유적 내에서 천체관측소처럼 보이는 시설인 '케찰파팔로틀 궁전'이 발견되었다. 이 궁전의 중앙 뜰에 물을 담고, 물에 비친 지붕장식과 별의 위치를 통해 천체의 움직임을 관측하여 달력으로 사용했을 것이라 보고 있다.

▲지위 높은 신관이 살던 '케찰파팔로틀 궁전'. 이곳에서 천체를 관측하는 것도 신관의 임무였을까?

### 결론 · 제사 장소이자 달력이었다!

건물 대부분이 태양의 움직임을 기반으로 만들었다는 것을 알아냈다. 시계가 없었던 시절, 농작물을 심고 기르던 사람들에게 태양의 위치로 계절을 알아내는 일은 중요했을 것이다. 따라서 유적 전체가 거대한 달력으로 되어 있으며, 자연의 은혜를 베푸는 태양을 기리는 장소였을 것이다.

# 테노치티틀란

*태양을 떠받드는 아즈텍 제국의 수도*

▲테노치티틀란의 주민(왼쪽)과 스페인인(오른쪽)의 전쟁. 그들은 스페인인을 신으로 착각해 저항하지 않고 살해당했다.

## 전설이 사실로?!
## 스페인인을 신으로 착각하다

멕시코 텍스코코 호수의 섬에 존재하던 아즈텍 제국의 수도. 주민들은 태양신을 신앙의 대상으로 삼았다. 이 지역에는 '태양신에게 쫓겨난 케찰코아틀이 다시 찾아와 권력을 되찾을 것'이라는 전설이 존재했다. 케찰코아틀이란 인류에게 문명을 부여한 하얀 피부의 신.

1519년, 하얀 피부의 스페인인이 이 지역을 정복하러 찾아왔다. 그러자 주민은 '전설대로 케찰코아틀이 찾아왔다!'고 믿고는 저항하지 않은 채 멸망했다고 한다. 테노치티틀란에는 화려한 피라미드와 다수의 주민이 존재했으나 스페인인이 파괴해 남아 있지 않다.

> **인류에게 문명을 가르친 신**
>
> 아즈텍 신화에서 농경의 신, 바람의 신 등으로 여긴 뱀 모양의 신. 인류에게 문명을 가르친 신, 불을 가져온 신 등의 전설도 전해진다.

**PART 2 잃어버린 고대문명과 도시**

**테노치티틀란**

## DATA

**소재지**: 멕시코의 수도 멕시코시티

**시대**: 500~700년 전 (14~16세기)

문명 MAP — 여기

**분석**: 수도가 있던 호수는 메워져 파괴되었지만, 태양신을 기리는 신전을 중심으로 30만 명이 살 정도로 번성했다.

# 마추픽추

용도나 건설 방법이 의문투성이인 공중도시

▲면도날도 들어가지 않을 정도로 딱 맞물린 돌. 잉카인은 금속으로 된 도구를 사용하지 않고도 정확하게 돌을 잘랐다고 한다.

## 고산의 우뚝 솟은 절벽에 거대한 돌로 지은 유적

15세기에 만들어진 잉카 제국의 유적. 고산의 우뚝 솟은 절벽 위에 존재하며, 마치 공중에 뜬 것처럼 보여 '공중도시'로도 불렸다. 잉카 제국의 수도 쿠스코는 침략한 스페인인에게 파괴되었다. 하지만 마추픽추는 절벽에 가려져 있었기 때문에 스페인인에게 발견되지 않고 무사할 수 있었다고 한다.

잉카인이 이런 곳에 무슨 목적으로, 어떻게 마을을 만들었는지는 문자가 없기에 기록으로도 남아 있지 않다. 또한 주민들은 갑자기 마추픽추를 떠났다고 하는데 그 이유에 대해서도 여전히 불명이다.

PART 2 잃어버린 고대문명과 도시

마추픽추

**만든 목적은?**
왕의 별장이었다, 태양신을 받드는 무녀를 위한 집이었다 등 여러 설이 있으나 전부 증거는 없다.

### DATA

| 소재지 | 페루 안데스 산맥 |
| --- | --- |
| 시 대 | 600~500년 전 (15~16세기) |

유명 / 기술 / 진실 / 신비 / 충격

**문명 MAP** — 여기

**분석** 잉카인은 태양을 크게 숭배하고 있었기에 태양과 가까운 높은 산 위에 마을을 지은 게 아니었을까?

89

# 추적 마추픽추의 건설 방법이란?

## 금속도 수레바퀴도 사용하지 않고 산 위에 건설했다?!

### 높은 산 위에 거석을 옮긴 방법은 불명

고도 2430m의 산 위에 존재하는 마추픽추. 금속도 수레바퀴도 없었던 잉카인은 어떻게 이런 높은 곳까지 거석을 옮기고 건물을 세웠을까? 문자가 없기에 문서를 남기지 못하여 그 방법은 지금도 의문이다. 유력한 두 가지 설을 검증해보자.

### 가능성 1  평평한 지면이 솟아올랐다?!

앞에도 뒤에도 아무것도 없는 낭떠러지에 존재하지만 이전에는 낮고 평평한 땅이었다는 설이다. 대홍수로 주위 지면이 깎여 나가고 마추픽추만이 남았고 이후 지진으로 지면이 솟아올라 지금의 높이가 되었다는 것이다.

▲마추픽추의 전경. 주변에 비해 솟아오른 것처럼 보인다.

### 검증 1  단기간에 이만큼 크게 지형이 변화하는 것은 불가능

마추픽추는 1911년 발견되었을 때 이미 지금의 높이에 존재했다. 연구에 의해 마추픽추가 있는 안데스 산맥은 100만년 사이에 1500m 솟아올랐다는 사실이 밝혀졌다. 지형의 변화는 수백만 년에 걸쳐 조금씩 일어나는 것이다. 건설부터 발견까지 400년 사이에 2000m 이상 지면이 솟아올랐다고 보기는 어렵다.

▲남미의 7개국에 걸쳐 늘어선 안데스 산맥.

## 가능성 2 근처 채석장에서 옮겼다

지상에서 높은 산까지 거석을 옮기는 것은 불가능하니 근처에서 돌을 잘라내어 옮겨온 것은 아닐까? 실제로 유적 근처에서 거석이 굴러다니는 현장이 발견되어 그곳을 채석장이라 보고 있다.

▶마추픽추 근처의 채석장. 잘라내다 만 거석이 여럿 남아 있다.

### 검증 2 사람의 손으로 채석장에서 옮길 수 있다는 것은 증명

그 증거로 채석장으로 보이는 장소에서 돌을 잘라내기 위해 쐐기를 박은 흔적이 존재하는 돌이 발견되었다. 금속이 없었으니 돌칼로 돌을 잘라내고 통나무를 늘어놓은 나무 썰매로 옮겼을 것이다. 현대인이 실험해 보니 이런 방법으로 거석을 옮기는 데 성공했다.

### 결론 나무와 돌로 된 도구만으로 유적을 건설했다!

잘라내던 중인 거석이 발견되어 지상으로부터 거석을 가지고 온 것이 아니라는 사실을 알아냈다. 또한 실험 결과 나무와 돌 등 당시 존재하던 재료만으로 돌을 잘라내거나 옮기는 것도 가능. 잉카인은 근처 채석장에서 잘라낸 돌을 옮겨 마추픽추를 건설한 것이다.

# 찬킬로

**아메리카 대륙에서 가장 오래된 태양관측소**

## 태양의 위치를 정확하게 계산하여 만들어진 13개의 탑

페루에 존재하는, 성벽으로 둘러싸인 탑 같은 유적. 그중에서도 '13개의 탑'이 유명하다. 13개의 탑은 하지에는 태양이 가장 동쪽 탑에, 춘분과 추분에는 한가운데 탑에, 동지에는 가장 서쪽 탑에 걸치도록 만들어졌다. 이러한 구조를 통해 남북 아메리카 대륙에서 가장 오래된 태양관측소임을 알 수 있다.

태양신앙으로 알려진 잉카 제국이 이 지역에 건국되기 1600년 전부터 주민은 고도의 천문학 지식을 지니고 있었다. 그 지식은 천문관측을 통해 익힌 것일까, 아니면 고도의 문명을 지닌 다른 존재가 알려준 것일까? 여전히 수수께끼이다.

### 13개의 탑

남북 200m에 걸쳐 늘어선 13개의 탑. 춘분, 하지, 추분, 동지인 날에 각각 태양이 탑과 겹친다.

# PART 2 잃어버린 고대문명과 도시

## 찬킬로

🔺 면적이 약 4㎢에 달하는 유적. 태양관측 시설과는 별도로 주거지와 광장이 존재했다.

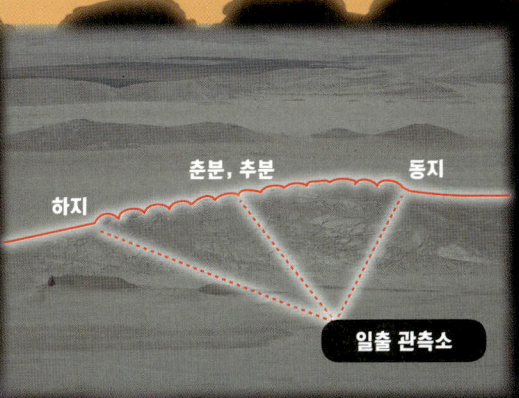

▶ 지평선을 따라 길이 300m에 걸쳐 탑이 늘어섰다. 관측소에서 봤을 때 가장 왼쪽 탑에서 태양이 뜨는 날이 하지. 가장 오른쪽 탑에서 뜨는 날이 동지가 된다.

### DATA

| | |
|---|---|
| 소재지 | 페루 북서부 세친 강 유역 |
| 시대 | 2300년 전 (기원전 3세기) |

문명 MAP: 여기

분석: 옛날 사람들이 태양을 관측하던 곳에서 산 제물을 바치는 도구가 발굴되었다. 태양신앙 의식을 하던 곳일지도 모른다.

## 치첸이트사

**뱀신 쿠쿨칸을 모시는 마야 문명의 신전**

### 마야인의 천문학 지식을 결집시킨 피라미드

멕시코에 있는 마야 문명의 유적. '쿠쿨칸'이라는 깃털 달린 뱀신을 모시는 피라미드가 존재한다. 이 '쿠쿨칸 신전'은 91단으로 이루어져 있으며, 네 면을 합하면 364단이 된다. 그리고 가장 높은 단에 존재하는 신전을 하나의 단으로 치면 마야 달력의 1년 일수와 같은 365단이 된다. 더욱 놀라운 것은 1년에 두 번, 춘분과 추분인 날에만 지는 태양의 그림자로 피라미드 경사면에 쿠쿨칸이 나타나도록 설계되었다. 천체망원경도 컴퓨터도 없던 시대에 마야인은 정확하게 계산된 달력을 만든 것이다.

#### 고도의 천문학

현대인이 계산한 1년의 날수는 365.2420일. 마야인은 그것과 0.0002의 차이밖에 없을 정도로 정확한 계산술로 피라미드를 건설했다.

▲쿠쿨칸의 피라미드 전경. 이 지역을 징복한 스페인인은 피라미드를 성이라는 의미에서 '카스티요'라 불렀다.

# PART 2 잃어버린 고대문명과 도시

## 치첸이트사

**DATA**

- 소재지: 멕시코 유카탄 반도
- 시대: 1100~900년 전 (10~12세기)
- 분석: 쿠쿨칸은 인류에게 지혜를 준 신으로 여겨진다. 그렇기에 마야인은 신전을 정확하게 건설했을 것이다.

문명 MAP: 여기

## 태양의 움직임을 정확하게 계산한 방법이란?!

'쿠쿨칸의 신전'은 정확하게 춘분과 추분의 태양 위치에 맞춰 설계되었으며, 나아가 계단의 수는 1년의 날수와 같았다. 하지만 시계도 달력도 없던 시대에 마야인은 어떻게 1년의 날수와 춘분, 추분을 정확하게 계산할 수 있었을까? 이에 관해 다음 설이 존재한다.

### 가능성 1 : 눈으로 천체관측을 했다

이 유적에 존재하는 6층 높이의 빌딩과 비슷한 높이의 돔형 탑은 '엘 카라콜'이라는 천문대. 서쪽, 서남쪽, 남쪽에 창문이 있다. 이 창문은 각각 춘분, 추분의 태양과 달의 움직임에 맞춘 위치에 만들어졌다. 이 창문으로 마야인은 눈만으로 천체관측을 했던 것 같다.

**추적** 치첸이트사를 만든 마야인의 수수께끼 어떻게 정확한 달력을 만들었을까?

◀높이 약 13m의 엘 카라콜. 치첸이트사 안에서도 오래된 유적군이 존재하는 천문대. 당시에는 전기가 없어 밤엔 컴컴했을 것이므로 맨눈으로도 별이 잘 보였을 것이다.

### 검증 1 : 천문대를 만들기 전부터 천체의 움직임을 알고 있었다!

3개의 창문이 정확하게 춘분, 추분의 태양과 달의 움직임에 맞춘 위치에 만들어졌다는 점을 보면 마야인은 천문대를 만들기 전부터 천문 위치를 알고 있었다는 말이 된다. 그렇다면 천문대 관측으로 별의 움직임을 알아냈다는 설은 앞뒤가 맞지 않게 된다.

## 가능성 2 — 누군가가 마야인에게 천문 지식을 알려줬다?

마야인은 쿠쿨칸이라는 뱀이 인간에게 문명을 부여했다고 믿었다. 어쩌면 그들에게 높은 천문학 지식을 가르쳐 준 것은 쿠쿨칸이 아닐까?! 그렇기에 그들은 쿠쿨칸에게 감사하며 '쿠쿨칸의 신전'을 건설한 것이 아닐까?

◀대부분 깃털 달린 뱀 신으로 그려지는 쿠쿨칸. 신전의 계단 부분에는 쿠쿨칸의 조각이 있다. 하단이 머리이며 정상을 향해 꼬리가 뻗어 나간다.

### 검증 2 — 지식을 부여한 신은 지구 바깥의 생물!

쿠쿨칸은 케찰코아틀이라는 다른 이름으로도 불리우는데 이러한 전설이 존재한다. 평화를 사랑하는 케찰코아틀은 산제물을 좋아하는 신 테스카틀리포카의 미움을 사 추방당했다. 그러자 케찰코아틀은 하늘로 솟아올라 금성이 되었다고 한다. 케찰코아틀, 즉 쿠쿨칸이 금성에서 온 존재라면 높은 천문 지식을 지녔을 것이다.

▲인간의 모습으로 그려진 쿠쿨칸. 이 신이 외계인이었음을 부정할 수 없다.

### 결론 — 지혜로운 외계인에게 천문학을 배웠다!

마야인은 천문대를 만들기 전부터 이미 높은 천문학 지식을 지니고 있었다. 그렇다면 전해지는 대로 신이 마야인에게 지혜를 부여한 것이라 생각할 수밖에 없다. 게다가 그 신은 금성에서 왔을 가능성이 높다. 마야인은 지혜를 부여한 외계인을 신으로 떠받들기 위해 신전을 건설했을 것이다.

# 티칼

## 정글 오지에 있는 피라미드

**사후 세계를 재현**

'위대한 재규어 신전'이라는 이름의 피라미드는 9층으로 이루어져 있는데, 이는 사후 세계가 9층이라는 믿음에서 비롯된 것이다.

◀약 600㎢보다 조금 작은 정도의 면적을 지닌 광대한 티칼에는 위대한 재규어 신전 외에도 여러 피라미드가 존재한다.

## 관광객의 추락사 사고는 지하에 잠든 왕의 저주?!

과테말라의 정글에 존재하는 마야 문명의 유적. 이 유적의 심볼이라 말할 수 있는 것이 '위대한 재규어 신전'. 그 정상에 있는 구멍은 사후 세계로 가는 입구를 나타낸 것이라고 한다. 지하에서 티칼이 가장 번성했을 시절의 왕, 하사우 찬 카윌 왕의 유골이 나왔다. 그렇기에 왕의 묘로 만들어졌다는 설이 유력하다.
어느 날, 이 피라미드를 오르던 관광객이 추락하여 사망했다. 사후 세계의 입구에 다가갔기 때문일까, 아니면 왕의 분노를 샀기 때문일까…? 이후 피라미드를 오르는 것은 금지되었다.

# PART 2 잃어버린 고대문명과 도시

## 티칼

### 하사우 왕의 유골
신전 지하에서 하사우 왕의 유골이 발굴되었다. 그 유골은 무게 3.9kg의 거대한 보석이 달린 액세서리를 걸치고 있었다.

### DATA
- **소재지**: 과테말라 페텐주
- **시대**: 1700~1200년 전 (4세기~9세기)
- **분석**: 정글 안에 있지만 건기에는 비가 전혀 내리지 않는다. 멸망 이유는 가뭄과 지나친 삼림 벌채에 따른 환경의 변화일 것이다.

문명 MAP: 여기

# 시우다드 블랑카

원숭이 신을 모시는 정글의 비경

## 전설로 여겨지던 도시가 72년만에 발견되다!

온두라스의 정글에 존재하는 유적. 스페인인이 영토를 확장하려고 이 지방을 침략했을 때 원주민이 이곳에 숨었다는 말이 전해졌다. 현지 사람들 사이에서는 전설 속의 도시로 여겨졌으나 1940년에 탐험가 모데에 의해 발견. 유적에서 원숭이 가면을 들고 돌아온 모데의 이야기를 통해 전설의 도시가 실존한다고 여겨졌으나, 그는 시우다드 블랑카의 위치를 누구에게도 알리지 않은 채 자살하고 만다.

2012년 드디어 조사대가 그 위치를 특정. 이제 막 발견된 비경에서 수많은 수수께끼가 조사를 기다리고 있다.

### 복수의 의식

아가씨를 납치한 무시무시한 원숭이를 두려워하지 않는다는 용기를 보여주기 위해, 그리고 원숭이에게 복수하기 위해 원숭이를 먹는 의식을 치렀다.

◀정글 속 오지에 있어 그 위치를 파악할 수 없는 신비의 도시였으나, 레이저 측량으로 부자연스러운 지형을 발견해 찾아낼 수 있었다.

## PART 2 잃어버린 고대문명과 도시

### 시우다드 블랑카

**DATA**

- 소재지: 온두라스 모스키티아 지방
- 시대: 불명
- 분석: 옛날 옛적, 원숭이가 아가씨를 납치해 원숭이와 인간의 자식이 태어났다고 한다. 이후 주민들은 원숭이를 두려워하며 의식을 시작했을 것이다.

문명 MAP — 여기

# 고대 지구에서 핵전쟁이 일어났다?!

## 기록 목적

지구의 역사에는 우리가 모르는 수수께끼가 아직 여럿 존재한다. 그 중 하나가 고대 지구에서 핵전쟁이 일어났다는 설이다. 믿을 수 없는 이야기이나 정말이라면 인류의 역사를 뒤집을 대발견일 것이다.

핵무기는 섬세한 과학기술을 사용해 핵분열이라는 대폭발을 일으키는 무시무시한 무기. 그걸 고대인이 사용했다고는 믿기 어렵지만 실제로 세계 각지에서 고대의 핵전쟁을 연상케 하는 증거가 여럿 발견되고 있다. 이러한 사실을 확인하기 위해 조사해보도록 하자.

## 카파도키아의 거대한 지하도시

### 사례1-1 핵에서 도망치기 위해 만들었다?!

암석지역의 지하에는 수많은 도시가 잠들어 있다

버섯이나 굴뚝처럼 보이는 이상한 형태의 바위가 여럿 늘어선, 터키의 카파도키아 지역. 1965년 그 지하에 거대한 도시 유적이 존재함을 알아냈다. 유적 안에는 깊이 1500m의 *통기구가 존재하며 수많은 사람들이 생활했을 것으로 보고 있다.

*통기구: 공기가 통하도록 만든 구멍.

## 사례 1-2 약 2만명이 살았다는 거대한 생활공간

### 8층 구조로 지은 고도의 건축술

카파도키아에 있는 지하도시에서 유명한 것이 카이마클리다. 지하 8층 구조이며 기본적으로 거주 공간 외에도 식당과 포도를 으깨는 작업장, 와인 저장고도 존재한다. 생활에 필요한 설비를 갖췄던 것이다.

개미집처럼 방이 연결되어 있다!

### 거대한 지하도시는 핵전쟁을 대비해 만들었다?!

이 지하도시는 사용한 흔적이 없다….

카이마클리에는 사람이 살았던 흔적이 없다. 고대 핵전쟁을 경험한 생존자가 다시 일어날 핵전쟁을 대비해 만든 피난처였을까?

---

**아직 발견되지 않은 지하도시가 잔뜩 있다?!**

현재 발견된 지하도시는 30개 이상. 합쳐 10만 명이 살 수 있는 공간이다. 더욱이 450개나 되는 도시가 아직 발견되지 않았다고 한다.

# 모헨조다로는 핵으로 멸망했다?

**사례 2** 고도의 문명을 지닌 도시가 갑자기 소멸

모헨조다로(➡P80)는 기원전 3000년경에 인더스강 유역에 나타난, 인더스 문명을 대표하는 도시. 이곳에서 일찍이 핵전쟁이 일어났다는 설이 있다. 그것은 이 지역에서 1500도의 고온으로 인해 유리처럼 변한 돌과 이상한 사람뼈가 발견되었기 때문이다.

## 인더스 문명을 대표하는 거대 도시

하수시설을 갖출 정도로 정교한 도시였던 모헨조다로는 기원전 2000년경 홀연히 문명이 사라졌다. 대체 무슨 일이 있었던 것일까?

사라진 문명의 거대도시가 지닌 비밀….

## 모헨조다로라는 이름이 의미하는 것은?!

모헨조다로는 현지 언어로 '죽음의 언덕'이라는 의미. 수많은 죽은 자가 잠든 곳이라며 두려움을 사 현지 주민들은 결코 접근하지 않았다고 한다.

먼 옛날부터 사람들 사이에서 두려움의 장소였다.

# 핵으로 인한 멸망을 뒷받침하는 여러 증거

### 사례3 뜨거운 열이 엿보이는 흔적들

## 46개의 부자연스러운 사람뼈를 발견!

유적에서 약 5km 떨어진 곳에서 겹겹이 쓰러진 46개의 사람뼈가 발견됐다. 이들 뼈에서는 보통의 50배에 달하는 고농도 방사능이 검출되었다고 한다.

핵전쟁에서 필사적으로 도망치다 힘이 다한 것일까…?

## 유리처럼 변한 돌은 무엇을 뜻하는가?

핵전쟁으로 인한 고온으로 녹은 흔적일까?

유적에는 고온으로 인해 유리처럼 변한 돌이 빽빽하게 덮은 곳이 존재한다. 불탄 토기와 녹은 벽돌 등도 발견되고 있으나 주변에 화산활동의 흔적은 없다. 이러한 점을 미루어 화산의 분화로 이런 흔적이 생긴 것은 아닐 것이다.

### 다른 곳에도 있는 초고온에 불탄 흔적

모헨조다로처럼 고온으로 불타 유리처럼 변한 장소는 그 외에도 존재한다. 카파도키아 근처의 하투샤(➡P78)도 그중 하나이다. 거대한 지하도시와 어떤 관계가 있는 걸까?

105

# 고대 핵전쟁의 무시무시한 광경

## 사례4 인도의 오래된 이야기에도 등장한다

인도의 오래된 이야기에는 핵전쟁처럼 보이는 묘사가 등장한다. 5세기경에 쓰여진 《마하바라타》에는 '신의 병기'로 인해 세계가 멸망하는 모습이 자세하게 묘사되고 있다. 3세기경에 쓰여진 《라마야나》에도 비슷한 병기가 잔뜩 등장하며 그 모습을 벽화로도 묘사했다.

### 《마하바라타》의 내용이란

《마하바라타》에는 '태양이 1만개 모인 정도의 밝은 폭발이 일어나고, 이후 어둠에 둘러싸였으며, 모든 주민이 불타 죽었다. 머리카락이나 손톱이 빠지고 먹을 것도 독에 쓰러졌다'라는 구절이 나온다. 그야말로 실제로 그 장면을 목격한 것처럼 자세한 묘사다.

병기와 폭발 모습을 현실적으로 묘사하고 있다!

### 엄청난 속도로 날아다니는 비행병기는 존재했는가

《마하바라타》와 《라마야나》에는 비마나라 불리는, 하늘을 나는 전차가 등장한다. 인도네시아의 보로부두르 유적에는 비마나를 모델로 삼은 듯한 탑이 존재한다.

하늘을 나는 병기 비마나는 실존했던 것일까?!

# 핵에너지를 만든 증거인가?!

## 사례5 오클로의 원자로는 어떻게 생겼나?

핵에너지를 만드는 장치를 원자로라 한다. 그와 같은 움직임을 보이는 물체가 아프리카의 가봉 공화국 오클로 지구에서 발견되었다. 무려 20억 년 전에 만들어졌을 가능성이 크다고 한다. 원자로가 자연적으로 생기는 일이 가능할까? 만약 인공적인 것이라면 엄청난 옛날에 고도의 기술을 가진 사람들이 존재했다는 말이 된다.

초고대의 사람들이 이 원자로를 사용했던 것일까?

### 원자로의 구조

핵에너지는 우라늄이라는 원소가 분열하는 '핵분열'로 발생한다. 오클로의 원자로는 우라늄이 많이 포함된 지역에 지하수가 스며들면서 핵분열이 일어난 것으로 보고 있다.

### 고대 핵전쟁이 일어났을 가능성은 높다

20억 년 전부터 지구상에 핵에너지가 존재했다는 점, 모헨조다로 등지에서 유리결정이 된 돌이나 고농도의 방사능이 검출된 사람뼈가 발견되었다는 점을 보면 고대 핵전쟁이 일어났을 가능성은 높다. 사람들은 그 경험을 기반으로 이야기를 쓰거나 도망치기 위한 피난처를 만들거나 했을 것이다.

107

## 고대특별조사부의 조사보고서 2

**TOP SECRET**

### 몇 천 년 전부터 이루어진 우주와의 교류!
# 외계인과 교류했던 고대인

여기에서는 고대의 인류가 외계인과 교류했다는 설에 대해 보고하겠다. 현대에도 그 존재가 명확하지 않은 외계인이지만, 고대의 유적과 유물에는 외계인이라 볼 수밖에 없는 것들이 잔뜩 존재한다. 그 진정한 모습을 조사한다!

### 가설
### 인류의 역사는 외계인과 관련이 있다?!

고대인이 남긴 유적이나 유물 중에는 지구 문명의 역사를 놓고 보기엔 이상한 것들이 다수 존재한다. 그것들은 외계인이 관여했다는 증거 아닐까?! 진실을 파헤쳐보자.

### 근거 1
### 외계인으로 보이는 뼈가 각지에서 발견되고 있다

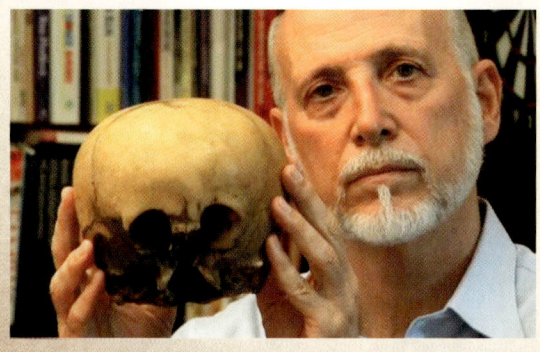

고대 유적이나 지층에서 발견되는 사람의 뼈는 그 인물이 살아 있던 시절의 모습을 추정할 때 무척 중요한 것. 각지에서 발견된 뼈에는 평범한 사람이라 볼 수 없는 것이 여럿 존재한다.

## 사례 1  뇌가 비정상적으로 큰 두개골

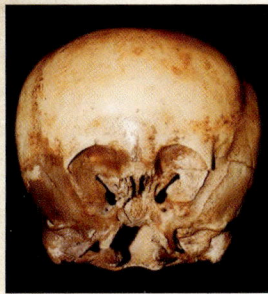

1940년에 멕시코에서 발견된 어린아이의 뼈. 눈의 위치가 평범한 인간보다 가운데에 있으며 뇌도 비정상적으로 크다는 것을 알 수 있다. 이 지방에는 외계인과 인간의 혼혈인 '스타차일드' 전설이 존재한다고 한다.

## 사례 2  인간이라 생각할 수 없는 긴 두개골

페루 남부의 파라카스에서 1928년에 발견된 후두부가 길게 뻗은 두개골. 그 형태도 이상하지만 DNA 측정 결과 인간과는 전혀 다른 진화를 이룬 생물의 것임을 알아냈다.

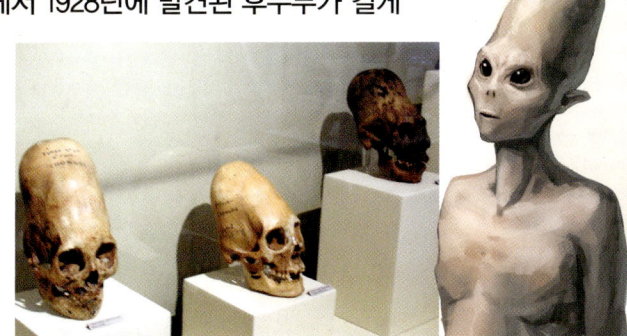

## 사례 3  네안데르탈인의 뼈에 남은 총상

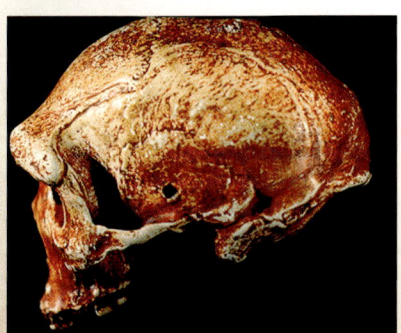

1921년에 아프리카 잠비아에서 발견된 약 10만 년 전의 네안데르탈인의 두개골. 이 뼈에는 놀랍게도 총격을 당한 상처가 남아 있다. 10만 년 전에 총은 없었을 것이니 외계인에게 당한 것이 아닐까?

## 근거 2 믿을 수 없을 정도로 발전된 기술이 사용된 유적

지구상에 남은 고대의 유적 중에는 당시에 만들었으리라 보기 어려울 정도로 발전된 건축 기술로 만든 것들이 존재한다. 인간이 아닌 다른 존재가 관여했을 가능성이 크다.

### 사례 1 현대기술로도 어려운 방식으로 깎은 돌

볼리비아의 티와나쿠 유적에서 조금 떨어진 곳에 푸마푼쿠라 불리는 곳이 있다. 이곳에는 'H' 형태를 띤 같은 크기의 돌이 여럿 방치되어 있다. 무슨 목적으로 만든 것인지는 명확하지 않지만 이만큼 거대한 돌을 정확하게 깎고 다듬는 것은 현대 기술로도 어려운 일이다. 고고학자 아서 포스넌키에 의하면 이 유적이 만들어진 것은 약 1만 5000년 전이라고 한다. 높은 기술을 지닌 외계인이 만들었을 가능성이 높다.

◀평평한 절단면은 기계가 없으면 불가능하다. 또한 돌의 표면은 다이아몬드를 사용한 현대의 가공기술을 이용한 것처럼 깔끔한데, 그 돌을 운반한 방법도 수수께끼이다.

▶정확하게 깎아낸 돌을 쌓아 만든 건축물. 돌과 돌이 겹치는 부분이 평평하게 가공되었다는 사실을 알 수 있다.

## 사례 2  우주의 시점으로 만들어진 피라미드

이집트의 카이로에 우뚝 솟은 3개의 피라미드. 통칭 '기자의 대피라미드'(➡P128)는 오리온 자리의 별 3개가 늘어선 모습과 일치한다고 한다. 그 옛날에 정확한 우주 지식이 존재했을까?

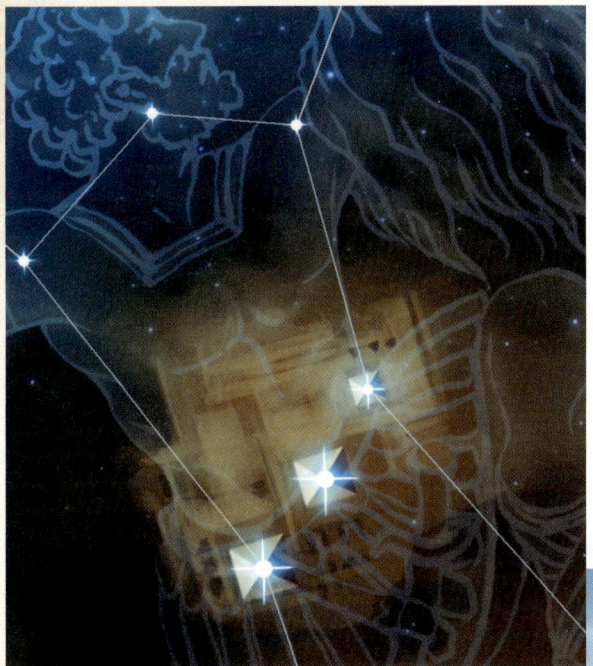

▲오리온 자리와의 관련성은 대체 무엇을 암시하는가….

▼기자의 피라미드를 건설한 원래 목적은 우주와 관계가 있다?!

### 그 외에도 우주와 관련된 것으로 보이는 유적

약 2000년 전에 탄생한 멕시코의 테오티우아칸(➡P82). 이 유적의 높이 등의 수치는 전부 지구 직경의 딱 1200만분의 1에 해당하는, '1.059'라는 숫자의 배수로 이루어져 있다.

## 근거 3 외계인의 모습을 묘사한 것이 남아 있다

고대인은 *토우처럼 사람의 모습을 본뜬 것을 많이 남겼다. 그러나 개중에는 아무리 봐도 평범한 인간의 것이 아닌, 외계인을 연상케 하는 것들도 존재한다. 이런 것들을 상상만으로 만들기는 어렵다는 점을 보면 고대인은 실제로 외계인을 목격했을지도 모른다.

※토우: 흙으로 만든 사람이나 동물의 상.

### 사례 1 마야의 유적에서 발견된 수수께끼의 외계인

콜롬비아에 있는 고대유적에서 발굴된 신의 모습을 본뜬 황금상. 그 모습은 그야말로 우주복을 걸친 우주비행사 또는 로봇이다. 당시 사람들은 우주에서 온 존재를 신으로 숭상한 것인지도 모른다.

▶황금 헬멧을 쓰고 기계 같은 팔과 다리를 지녔다. 고대에 이런 모습을 한 무언가가 지구상에 존재했다면 그것은 우주에서 온 존재라고 말할 수밖에 없지 않을까?

## 사례 2 | 우주복을 입은 토우가 발견되다!

기원전 300~기원후 700년경에 에콰도르에서 번성한 하마 코아케 문화의 유적에서 발견된 토우는 우주비행사가 걸칠 듯한 *기밀복을 입고 있다. 또한 일본에서 발견된 차광기토우도 마찬가지로 우주복을 입은 듯한 모습이다. 이런 토우들은 실존하던 무언가를 모델로 삼은 것이 아닐까?

◀ 큰 헬멧을 쓴 머리와 일체형으로 튼튼해 보이는 의복은 아무리 봐도 기밀복이다. 지구를 방문한 외계인의 모습을 나타낸 것이 아닐까?

※기밀복: 성층권이나 우주를 비행할 때 입는 특수한 옷.

### NASA가 봉인한 윙 메이커란?

고대문명과 외계인의 연결고리를 암시하는 유력한 예는 그 외에도 있다. 1972년 미국 뉴멕시코주의 계곡에서 하이킹을 하던 사람이 고대유적과 그 안에 잠든 기묘한 벽화를 발견했다. 그러나 그 장소는 미국 국가안전보장국이 봉쇄했다고 한다. 소문에 의하면 그 벽화에는 지구 바깥의 존재가 그려져 있다고 한다. 미국은 뭔가 중대한 비밀을 알고 있는 것일까?

### 결론 | 외계인은 고대 지구에 존재했으며 인간의 문명에 큰 영향을 끼쳤다!

인간의 것이 아닌 두개골, 고도의 건축기술, 기묘한 유물을 통해 고대 지구에는 우주에서 무언가가 찾아왔을 것이라 생각할 수 있다. 그리고 현대인이 모르는 곳에서 인간의 문화에 영향을 끼쳐왔을 것이다.

## 고대 미스터리 신문

### 땅속에는 미지의 문명이 존재하고 있다?!
# 지구공동설의 진실

**지구 안에 들어갔던 얀센 부자(父子)**

지구의 내부에는 우리가 모르는 세계와 문명이 존재한다는 믿기 힘든 이야기가 '지구공동설'이다. 이는 오랫동안 학자들 사이에서 몇 번이나 의논이 있었다. 그중에서도 1829년, 스웨덴의 어부 얀센 부자(父子)가 체험한 이야기가 흥미로우며 지금도 학자들의 논의의 대상이 되고 있다. 얀센 부자는 북극권을 항해하던 중에 폭풍에 휩쓸렸는데, 정신을 차리자 물로 된 터널 같은 곳을 표류하고 있었다. 그곳에서 거대한 배와 신장이 4m 이상인 거인을 만났다고 한다.

부자는 거인들의 안내를 받아 고도로 발달된 문명의 도시를 목격했는데 황금으로 칠해진 건물은 전부 무척 거대했다고 한다. 한동안 그곳에 머물던 얀센 부자가 다시 돌아오자 놀랍게도 그곳은 북극이 아닌 남극이었다고 한다. 얀센 부자는 지구 안을 통과해 반대편으로 빠져나온 것일까?

부자가 목격한 것은 무엇이었을까….

고대 미스터리 신문  B.C. XXXX년 ○월 ○일

## 땅속의 발달된 문명 '아가르타'란?!

19세기 말~20세기에 걸쳐 어떤 전설이 전 세계에 퍼졌다. 그것은 중앙아시아 어딘가에 '아가르타'라 불리는 지저왕국이 존재한다는 것이었다. 수도인 샴발라에는 인간을 초월해 장수하는 아가르타인이 생활하고, 왕국 중앙에는 '센트럴 선'이라는 태양이 빛나며, 지구 안쪽에 달라붙은 형태의 바다와 산이 존재한다고 한다. 독재자로 유명한 독일의 정치가 히틀러도 그 존재를 믿고 티벳에 조사대를 파견했다고 한다.

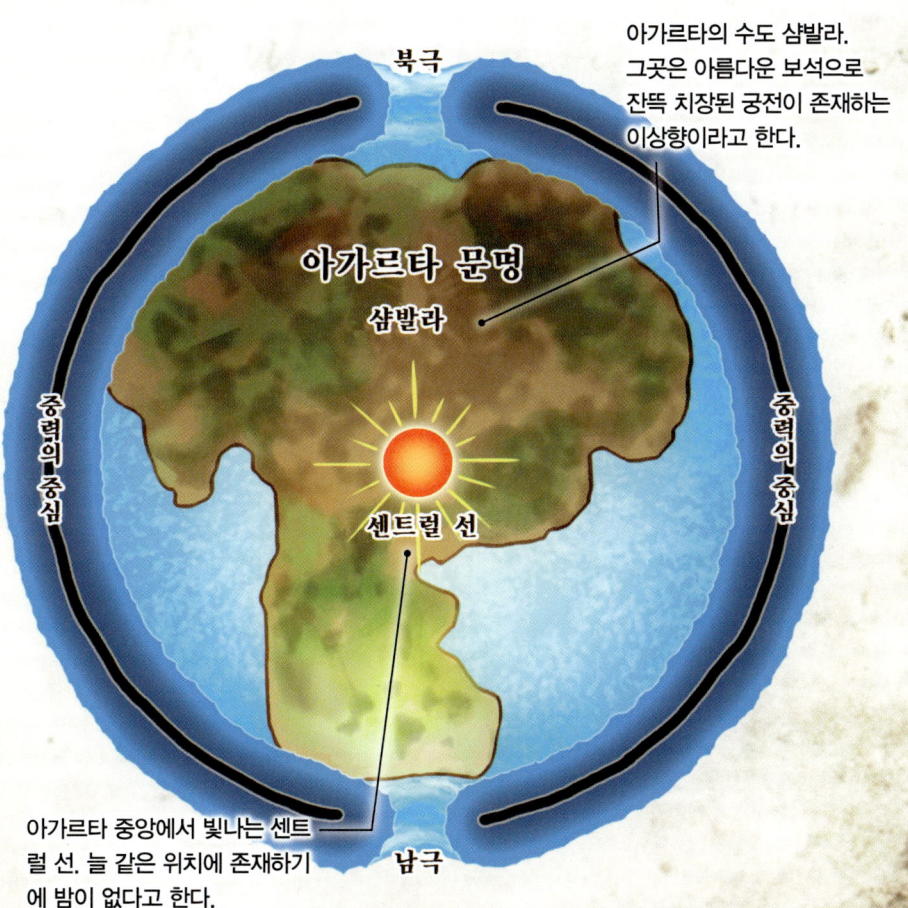

아가르타의 수도 샴발라. 그곳은 아름다운 보석으로 잔뜩 치장된 궁전이 존재하는 이상향이라고 한다.

아가르타 중앙에서 빛나는 센트럴 선. 늘 같은 위치에 존재하기에 밤이 없다고 한다.

고대 미스터리 신문  B.C. XXXX년 ○월 ○일

## 지금까지의 상식으로는 공동은 존재할 수 없다?!

현대 과학이 밝힌 지구의 내부는 어떻게 되어 있을까?
지구의 표면은 두께 5~60km의 두터운 껍질 같은 것으로 둘러싸여 있다. 그 안에는 맨틀, 외핵, 내핵이 존재하며, 맨틀에는 질척질척하게 녹은 뜨거운 마그마가 가득 차 있다. 상식적으로 생각하면 지구 내부에 광대한 공간이 펼쳐져 있다고는 보기 어려우며, 하물며 그곳에 생물이 사는 곳이 존재한다고 생각할 순 없지만….

### 새로운 발견! 북극에 뚫린 거대한 구멍

지구공동설을 뒷받침하는 증거라며 주목을 받은 한 장의 사진. 그것은 미국의 기상위성이 찍은 북극에 뚫린 거대한 구멍의 사진이다. 검은 구멍이 크게 입을 벌린 것처럼 보이지만 이것은 이후 카메라의 앵글 때문이라며 부정되었다. 다만 114쪽에서 다룬 얀센 부자의 증언에서도 북극에 땅속으로 가는 입구가 있었다고 하니, 북극과 남극에는 우리가 모르는 지하로 가는 입구가 존재할지도 모른다.

### 편집후기

상식적으로 생각하면 지구공동설은 말이 안 되지만 지구 내부에서 지저인과 만났다는 증언은 세계 각지에 여럿 존재한다. 역시 지구 어딘가에 다른 세계로 연결된 입구가 존재하는 것은 아닐까?

# PART 3

# 해명할 수 없는 고대의 거대유적

목적도 건조방식도 알 수 없는, 수수께끼로 가득한 거대한 유적이 세계 여기저기에 남아 있다. 이것들은 누가, 무슨 목적으로, 그리고 어떻게 만든 것일까?

드디어 발견한 투탕카멘의 관—
그러나 그곳에 이르기까지
20명 이상의 인간이
죽음을 맞이해야 했다.

문에 새겨진 글귀는
정말로 왕의 저주였을까—

# 왕가의 계곡

## 투탕카멘의 묘가 발견되다

◁1922년에 발견된 투탕카멘의 황금 마스크. 그 가치는 3,000조 원! 현재는 이집트 고고학 박물관에 있다.

### 고대 이집트의 왕들이 잠들다

투트모세 1세, 람세스 3세 등 16명의 왕들의 묘가 집중된 왕가의 계곡. 최근에도 50체가 넘는 미라가 잠든 공동묘지가 발견되었다.

# 왕의 묘를 발굴한 자에게는 저주가 내린다?!

룩소르 부근의 고대 이집트 왕들의 묘가 모여 있다는 계곡. 그곳에 묘를 만든 이유 중 하나는 당시의 수도인 룩소르에서 보면 태양이 저무는 서쪽에 위치했기에 죽음을 상징하는 곳으로 어울리기 때문이다.
또다른 이유는 발견하기 어려운 곳에 만들어 도굴을 막기 위해서였다. 그러나 결국 대부분의 묘는 도굴되었다. 유일하게 도굴당하지 않은 것은 오랫동안 발견되지 못한 투탕카멘의 묘뿐. 간신히 발견한 투탕카멘의 묘에는 모종의 저주가 숨겨져 있던 것일까? 과연 진실은….

**PART 3** 해명할 수 없는 고대의 거대유적 — 왕가의 계곡

### 호화스러운 묘실 안
왕의 묘에는 호화스러운 가구와 보물을 매장했다. 죽은 자가 살아 돌아올 때 필요하다고 믿었기 때문이다.

## DATA

**소재지**: 이집트 룩소르 부근

**시대**: 3600~3100년 전 (기원전 16세기 ~11세기)

유적의 목적: 묘

**분석**: 다른 왕들의 묘가 도굴되는 와중에도 투탕카멘의 묘만은 무사했던 것은 저주 때문일지도 모른다.

## 추적 투탕카멘의 묘에 대한 비밀

관계자의 계속된 죽음… 그리고 숨겨진 방의 존재…

### 저주와 숨겨진 방, 두 가지 비밀을 밝힌다

투탕카멘의 묘에는 이상한 점이 두 개 있다. 하나는 발굴 관계자 22명이 차례차례 사망했다는 '투탕카멘의 저주'. 그리고 2009년에 투탕카멘의 묘 안쪽에 존재한다는 것이 발견된, 무슨 목적으로 만들었는지 알 수 없는 '숨겨진 방'이다. 이 비밀들을 해명해보자.

### 수수께끼 1 투탕카멘의 저주?

발굴 자금의 제공자였던 카나본 백작은 발견으로부터 반 년도 지나지 않아 사망했다. 이후 발굴에 관계된 사람들이 차례차례 사망했다. 묘의 입구에는 '위대한 파라오의 묘에 접근한 자, 죽음이 날개를 달고 찾아오리라'라는 저주의 글귀가 새겨져 있었다고 한다. 이 저주의 말과 관계자의 연속된 죽음에는 관계가 있을까?

#### 검증 1 질투가 낳은 허구였다

저주 때문에 죽었다는 사람들은 나이가 많거나 애초에 병을 앓던 사람들뿐. 게다가 죽은 것은 관계자의 극히 일부이며 무사한 사람이 훨씬 많다. 사실 대발견을 한 카터와 이를 독점취재한 신문사를 질투한 학자와 신문기자가 여럿 있었다. 그래서 그들이 일부러 나쁜 소문을 지어 퍼트렸다는 설도 있다. 그러나 의문의 죽음을 맞은 관계자가 있다는 사실은 변하지 않는다….

## 수수께끼 2 숨겨진 방은 어머니나 아내의 묘?

숨겨진 방은 왕비의 묘로 만들어지는 경우가 대부분. 따라서 투탕카멘의 아내나 어머니처럼 가족인 여성의 묘라 생각할 수 있다. 하지만 2010년, 다른 묘에서 발견된 미라가 아내의 것이 아닐까 여겨지고 있다. 그렇다면 숨겨진 방은 어머니의 묘일까?

### 검증 2 피가 이어지지 않은 어머니 네페르티티의 묘?

숨겨진 방은 투탕카멘과 피가 이어지지 않은 의붓어머니 네페르티티의 묘라는 설이 있다. 투탕카멘의 아버지에게는 부인이 여럿 존재했는데 네페르티티는 첫 번째 아내로 남편의 죽음 이후 여왕이 되었다고도 한다. 투탕카멘이 18살의 젊은 나이로 죽었기에 묘를 급히 만들어야 했고, 서둘러 네페르티티의 묘를 투탕카멘의 묘로 바꿨다는 것이다. 네페르티티의 높은 신분을 생각하면 투탕카멘과 같이 매장되는 것이 부자연스러운 일은 아니다.

◐네페르티티의 흉상. 절세의 미녀였다고 한다.

### 결론 저주는 최초에만?! 숨겨진 방은 어머니의 묘였다

현재에도 발굴은 계속되고 있으나 사망자는 나오지 않고 있다. 저주는 존재하나 처음 관계자만 받은 것인지도 모른다. 그리고 숨겨진 방은 애초에 이 묘에 잠들 예정이었던 네페르티티의 묘였다는 설이 유력하다.

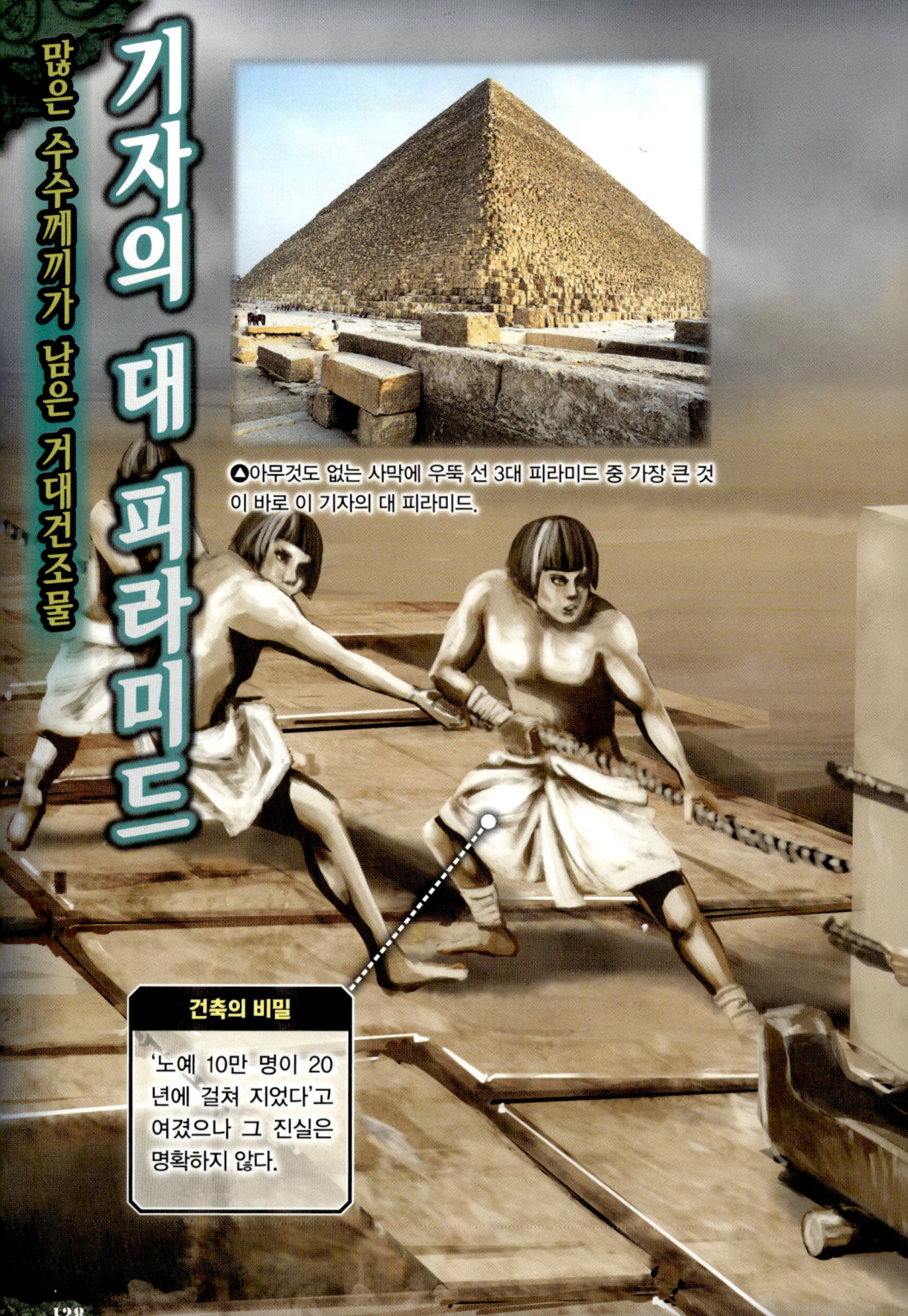

# 기자의 대 피라미드

많은 수수께끼가 남은 거대건조물

▲아무것도 없는 사막에 우뚝 선 3대 피라미드 중 가장 큰 것이 바로 이 기자의 대 피라미드.

**건축의 비밀**
'노예 10만 명이 20년에 걸쳐 지었다'고 여겼으나 그 진실은 명확하지 않다.

# PART 3 해명할 수 없는 고대의 거대유적

## 기자의 대 피라미드

### 세계적으로 유명한 피라미드는 사실 왕의 묘가 아니었다?!

이집트의 기자 지구에 우뚝 선 거대한 석조 건물. 건조 당시의 높이는 무려 약 147m. 지금까지 쿠푸 왕이 약 4500년 전에 수많은 노예를 이용해 건설한 묘로 보고 있었다. 그러나 최근 연구에서 일이 없는 시기의 농민에게 일거리를 주는 공공사업이었으며, 왕의 묘가 아닌 신전이나 천문관측 시설이었다는 새로운 설이 등장했다. 게다가 건설된 것이 1만년 이전이었다는 설도 있다. 누구나 아는 피라미드이나 실은 아직 의문투성이다. 누가, 대체 무슨 목적으로 이 거대한 건물을 만든 것일까?

**DATA**

| | |
|---|---|
| 소재지 | 이집트 기자 지구 |
| 시대 | 4500년 전 (기원전 2500년 즈음) |
| 분석 | 세계적으로 유명한 건축물이지만, 만든 목적이나 시기도 분명하지 않다. 전부 비밀에 둘러싸인 상태다. |

유적의 목적: 묘

## 대추적

### 사막에 우뚝 솟은 대 피라미드

이집트 카이로에서 남서쪽으로 약 15km 떨어진 사막에 위치한 3대 피라미드. 가장 큰 제1 피라미드는 쿠푸 왕이 4500년 전에 건설한 것으로 보고 있다. 그러나 최근 1만 년 이상 전에 건설된 것은 아닌가, 우주와 관계가 있는 것은 아닌가 하는 새로운 설이 나타나 의문이 커지는 중이다.

**대 피라미드의 비밀**

고도의 건축기술과 우주와의 관련성은 대체…

#### 수수께끼 1 — 현대에도 어려운 건축기술

4500년 전이라면 지금과 같은 기계나 전동도구가 없었던 시절. 대 피라미드의 건조에는 현대에도 어려울 정도로 발달된 기술과 지식이 사용되었다는 것이 정말일까?

#### 기술 1 — 거대한 돌을 쌓아 올리는 기술은 존재했다

피라미드를 구성하는 것은 평균 2.5톤에 달하는 무거운 돌이다. 이를 어떻게 들어올리고 쌓았을까 오랫동안 의문이었다. 최근 유력하게 보는 것은 여럿이 돌을 들어올리고, 피라미드의 측면에 만든 언덕에서 로프로 끌어올리는 방법이다.

◀피라미드의 건조에는 고도의 기술과 여러 사람이 필요했을 것이다.

## 기술 2  완성 당시의 피라미드는 대리석으로 덮여 있었다

역사가 헤로도토스가 기원전 5세기에 쓴 세계에서 가장 오래된 역사서인 《역사(Historiae)》에 의하면 완성 당시의 대 피라미드는 지금처럼 계단 상태가 아닌 새하얀 대리석으로 뒤덮여 있었다고 한다. 그렇게 거대한 건조물을 전부 대리석으로 뒤덮으려면 높은 기술력이 필요하다. 대리석은 전부 도난당해 지금은 높이가 10m 정도 낮아지게 되었다.

▲완성 당시의 피라미드 상상화

## 기술 3  동서남북의 방향이 딱 들어맞는다!

대 피라미드의 건조에 사용된 기술 중에서 가장 뛰어나다 일컫는 것이 4개의 밑바닥 방향이 동서남북에 들어맞는다는 점이다. 일그러짐이 별로 없어 거의 완벽하다고 말할 수 있다. 그만큼 정확하게 건설하는 것은 현대에도 어렵다고 한다. 3대 피라미드인 다른 2개도 같은 방향을 향하고 있다.

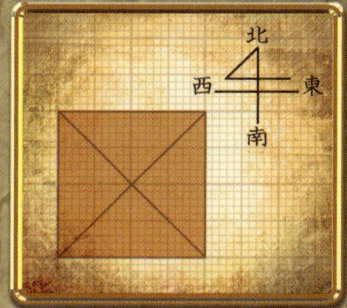

## 기술 4  태양과 지구의 관계를 건축에 도입했다?!

대 피라미드의 높이를 10억 배로 늘리면 지구와 태양의 최단거리가 되며, 무게를 100조 배로 늘리면 지구의 무게와 같다고 한다. 게다가 높이를 4만 3200배로 늘리면 지구의 반경과 같아진다고 한다. 이러한 점에서 건축기술만이 아니라 천문학과 과학 지식도 뛰어났음을 알 수 있다.

## 수수께끼 2 · 1만 년 이상 이전에 누군가가 지었다?!

지금까지 대 피라미드는 약 4500년 전에 건설되었다는 것이 상식이었지만 무려 1만 년 이상 전에 지었다는 설도 있다. 그것이 사실이라면 인류의 역사가 크게 뒤집히는데, 대체 누가 지은 것일까?

### 증거 1 · 1만 년 이상 전의 오리온자리와 상관이 있다?!

오리온자리는 한가운데에 3개의 별이 늘어선 독특한 별자리인데, 놀랍게도 기자의 3대 피라미드의 늘어선 상태와 크기가 이 오리온자리의 별과 일치한다. 오리온자리의 위치는 시대에 따라 조금씩 달라졌다. 3대 피라미드와 같은 위치에 겹치는 시기를 계산해보니 지금으로부터 무려 1만 2500년 전이었다. 역시 피라미드는 1만 년 이상 전에 건설된 것이라 생각할 수 있을 것이다.

### 증거 2 · 외계인이 건설했다?!

1만 년 전에 피라미드를 건설할 기술이 인류에게 있었다고는 보기 어려워, 피라미드를 외계인이 건설했다고 생각하는 연구자도 존재한다. 거대한 피라미드는 우주에서 온 UFO를 위한 표식이라 볼 수 있지 않을까?

### 결론 · 대 피라미드는 우리들이 모르는 초고대문명과 관계가 있다!

피라미드를 건설할 기술과 고도의 지식이 당시 사람들에게 있었다고 생각하긴 어렵다. 발전된 문명을 지닌 누군가와 관련이 있다고 생각하는 쪽이 자연스러울 것이다. 그것은 외계인인가, 신비로운 대륙의 주민인가…. 많은 고고학자가 까마득한 옛날부터 피라미드를 조사해 왔지만 여전히 의문투성이이다.

## 지금까지의 상식은 거짓이었던 걸까…
# 대 피라미드를 만든 목적이란?

### 가능성 1 — 대 피라미드는 쿠푸 왕의 묘가 아니다

대 피라미드는 오랫동안 쿠푸 왕이 10만 명이나 되는 노예를 이용해 건설한 자신의 묘라는 설이 대세였다. 그러나 최근 연구에서는 그것이 잘못되었다는 설이 등장했다. 그렇다면 누가, 무슨 목적으로 지은 것일까?

#### 증거 1 — 쿠푸 왕의 묘라는 증거가 없다!

대 피라미드 안에 쿠푸 왕의 이름이 새겨진 물체나 중요한 유체(미라)가 발견되지 않았다.

#### 증거 2 — 일이 없는 시기의 공공사업이었다?!

건조에 관련된 농민들의 출근부가 근처 마을에서 발견되었다. 피라미드 근처에 있는 나일강은 매년 정기적으로 범람한다. 그 시기에 일거리가 없는 농민들을 위한 공공사업이었다는 설이 유력시되고 있다.

### 결론 — '무슨 목적으로' 지었는지는 여전히 수수께끼!

대 피라미드가 쿠푸 왕의 묘라는 설이 잘못된 것이라는 가능성은 높아지고 있으나, 농민들에게 일거리를 주기 위한 공공사업이었다 해도 무슨 목적으로 만든 건물인가는 여전히 의문이다.

**PART 3** 해명할 수 없는 고대의 거대유적 — 기자의 대 피라미드

# 스핑크스

## 피라미드보다 오래되었다?! 수수께끼로 둘러싸인 괴물

사람 얼굴에 사자의 몸을 가진 수수께끼의 괴물

이집트의 3대 피라미드를 수호하는, 얼굴은 사람이고 몸은 사자인 거대한 조각상.

스핑크스의 얼굴은 카프레 왕을 닮았으며 앞발 사이에 있는 석비에 '카프'라 쓰여 있었다. 따라서 카프레 왕이 피라미드를 수호할 목적으로 피라미드와 같은 시기에 스핑크스를 건설한 것으로 여기고 있었다. 그러나 이를 부정하는 증거가 발견되었다. 비로 인해 생긴 깊은 도랑이 스핑크스에는 있는데 피라미드에는 없다. 피라미드와 스핑크스가 같은 시기에 만들어진 것이라면 이는 이상하다. 스핑크스는 언제, 무슨 목적으로 만든 것일까? 해명이 필요하다.

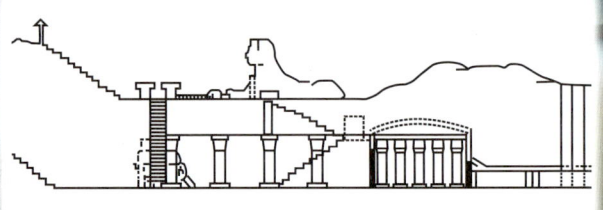

▲스핑크스의 지하 지도. 일부 전문가는 '고대 이집트 문명보다도 이전 사람들이 남긴 서적이 숨겨져 있을 것이다'고 말한다.

PART 3 해명할 수 없는 고대의 거대유적

스핑크스

### 크기와 재질

길이 74m, 폭 6m, 높이 20m. 몸은 거대한 통짜 암석을 깎아서 만들었다. 무슨 목적으로 만들었는지는 여전히 모른다.

### DATA

| | |
|---|---|
| 소재지 | 이집트 기자 지구 |
| 시대 | 7000~9000년 전 (기원전 70세기 ~50세기) |
| 분석 | 스핑크스의 지하에 빈 공간이 있다는 것을 알아냈는데, 고대인이 이곳에 무언가를 숨기려 했을지도 모른다. |

유적의 목적: 상(像)

135

# 추적 스핑크스의 수수께끼

모델이 된 인물과 지하 터널의 정체란…

## 비밀을 품은 얼굴과 지하통로에 접근한다!

스핑크스에 대한 기존의 설에 모순이 발생하거나 새로운 사실이 발견되는 등 진실이 널뛰기하고 있다. 일단 얼굴은 카프레 왕과 비슷하다 여겼으나 그렇지 않을 가능성이 높아지고 있다. 다음으로 지하에 의문의 통로가 존재한다는 점이다. 이 두 가지를 철저하게 검증해보자.

### 수수께끼 1  스핑크스의 모델은 누구?

▲카프레 왕의 흉상. 눈썹이나 눈, 입 등 모든 각도와 비율을 계산해본 결과 스핑크스의 얼굴은 카프레 왕과는 다른 사람의 것임을 알아냈다.

현재 스핑크스의 코는 파괴된 상태이나 윤곽, 요철, 눈과 눈썹의 위치, 입술의 크기 등은 알 수 있다. 그래서 전문가는 스핑크스의 얼굴을 이집트 고고학박물관에 있는 카프레 왕의 흉상의 얼굴과 비교해보았다. 그러자 스핑크스는 카프레 왕이 아님이 판명되었다.

### 검증 1  얼굴은 몇 번이고 달라졌다!

스핑크스의 얼굴은 몸에 비해 이상할 정도로 작다. 이전에는 더욱 컸을 것이나 왕이 바뀔 때마다 깎아서 다른 얼굴로 만들었다는 설이 있다. 앞에서 스핑크스는 카프레 왕의 시대보다 이전에 만들어졌다고 했는데, 그러한 점에서 봐도 몇 번이나 깎아냈다는 설은 아귀가 들어맞지만 최초의 얼굴이 누구였는지는 알 수 없다.

## 수수께끼 2 — 지하에 터널이 존재했다?

이집트 유물최고위원회 사무총장인 고고학자 자히 하와스 박사도 스핑크스에 지하 터널이 3개 존재한다는 것을 인정했다. 하지만 '2개는 도중에 막혀 있고 다른 하나는 아무것도 없었다'며 조사를 중지. 현재에도 이 터널이 피라미드나 나일강으로 이어지는 통로라는 소문이 돌고 있다. 그러나 지상으로 다니면 될 텐데 굳이 지하에 통로를 만들 필요가 있었을까?

◀자히 하와스 박사. 그의 허가가 떨어지지 않아 다른 사람들은 지하를 조사할 수 없는 상황이다.

### 검증 2 — 막힌 길 너머에 기록 보관소가 있다?!

막힌 길 두 곳은 숨겨진 문이 존재하며 안쪽에 뭔가 묻혀 있는 것이 아닐까?! 세계적인 예언자 에드거 케이시는 이곳이 '아틀란티스의 대 기록소'이며 아틀란티스인이 지식을 기록한 서적이 묻혀 있다고 말했다. 하와스 박사는 서적을 다른 사람에게 넘기지 않으려고 조사를 중지했다는 것이다.

### 결론 — 스핑크스의 얼굴은 다른 사람이며 지하에 비밀의 서적이 존재한다!

만들어진 시기, 얼굴의 구조나 크기를 통해 얼굴은 카프레 왕이 아닐 가능성이 유력해졌다. 또한 지하 터널은 무언가 중요한 것을 묻기 위해 만든 것이라는 생각이 자연스럽다. 20세기 최대의 예언자라 불리는 케이시의 예언을 따르면 그것은 아틀란티스인이 남긴 서적일 가능성이 크다! 언젠가 하와스 박사가 지하 발굴을 허가할 날이 올까?

PART 3 해명할 수 없는 고대의 거대유적 — 스핑크스

# 스카라 브레

### 현대인과 비슷한 신석기시대의 주거지

**단열재**

집의 가구나 벽에 사용해 추위를 막는 소재를 현대에서는 '단열재'라 부른다. 고대인은 이미 조개껍데기나 뼈를 단열재로 사용했다.

**기능적인 구조**

주거지 사이를 잇는 터널과 물이 빠지는 배수로까지 존재했다. 현대의 집에 밀리지 않을 만큼 기능적이었음을 알 수 있다.

◀주거지 안을 내려다본 사진. 난로, 돌로 만든 선반, 벽의 오목한 부분을 활용한 선반이 보인다. 이곳에 식량이나 식기, 옷을 보관했을 것이다.

# 단열재나 가구, 자물쇠가 존재하는 등 고대인의 집은 훌륭했다

스코틀랜드의 오크니 제도에 있는 집합주택 흔적. 고대인은 먹은 조개껍데기, 동물이나 물고기의 뼈를 '패총(貝塚)'이라는 쓰레기 처리장에 버렸다. 스카레 브레이의 사람들은 이 패총 아래에 집을 짓고 두터운 쓰레기 지붕으로 추위를 막았던 것이다.

주거지 안에서 돌로 만든 난로, 식기 선반, 침대, 옷장, 의자 등의 가구와 화장실이 발견되었다. 그리고 놀랍게도 동물의 뼈나 돌을 이용해 안쪽에서 자물쇠를 잠그는 구조로 만들었다. 현대의 집에서도 사용되는 기술을 무려 5000년 이전부터 사용한 것이다.

**PART 3** 해명할 수 없는 고대의 거대유적

## 스카라 브레이

### DATA

- **소재지**: 스코틀랜드 오크니 제도
- **시대**: 5100~4500년 전 (기원전 32세기 ~ 기원전 26세기)

유명 / 충격 / 기술 / 신비 / 진실

유적의 목적: 주거

- **분석**: 4500년 전에 기후가 바뀌면서 추위가 심해지자 주민들은 스카라 브레이를 떠났을 것이다.

# 하이포지움

7000명의 죽은 자가 잠든 지하묘지

▲하이포지움은 최초에는 천연동굴을 파서 넓힌 것으로 보인다. 복잡한 미로와 계단이 방과 방을 연결한 상태가 흡사 개미집 같다.

**의식을 치르는 모습**
남자 신관이 기도를 드리는 '신탁의 방'. 낮은 남성의 목소리만이 울려 퍼지고 있다.

# 벽에 그려진 소용돌이 모양은 죽은 자의 부활을 나타낸다?!

지중해의 몰타 섬에 존재하는, 지하 3층 구조의 미로 같은 묘지에 있는 신전. 1902년 건설공사 도중 우연히 발견했다. 이유는 불명이나 7000명이 넘는 인골이 겹겹이 쌓인 상태로 묻혀 있었다.

벽에는 붉은 물감으로 소용돌이가 그려져 있었다. 이 문양은 죽음과 재생과 영원을 나타낸 것으로 보인다. 매장된 죽은 자가 부활하기를 바라며 그린 것이었을까?

고대 이집트나 수메르 문명보다도 이전에 존재했던 하이포지움. 그 이전에는 아틀란티스 대륙(P32)밖에 없었을 것이다. 이 신전과 관련이 있는 걸까?

## PART 3 해명할 수 없는 고대의 거대유적 — 하이포지움

### DATA

**소재지**: 몰타 공화국 몰타 섬

**시대**: 4500년 전 (기원전 26세기)

**분석**: 소용돌이 모양의 유적은 아일랜드의 뉴그레인지(➡P148)에도 존재한다. 뭔가 관련이 있는 걸까?

유적의 목적: 묘

# 아부심벨 대 신전

태양의 움직임을 계산하여 만든 성소

◀1960년에 댐 건설의 영향으로 수몰될 가능성이 있어 공사를 통해 옮겼다. 그것이 귀중한 유적을 보호하자는 운동의 계기가 되어 유네스코의 세계유산이 창립되었다.

## 1년에 두 번만 석상에 빛이 닿도록 한 정확한 설계!

고대 이집트에서 가장 위대하다는 왕인 람세스 2세가 만든 신전. 입구에 있는 4개의 상은 람세스 2세의 청년부터 중년까지의 모습을 보여주고 있다. 가장 안쪽의 방은 '지성소'라 불리며, 이곳에도 4개의 상이 있다. 람세스 2세와 신 3명의 상이다. 신전은 태양의 움직임을 계산하여 만들었으며, 1년에 단 두 번만 3개의 상에 태양빛이 닿는다. 홀로 빛을 받지 않는 것은 프타흐 신. 그는 사후 세계의 신이기 때문이다. 만약 계산이 수십 cm만 어긋나도 이러한 빛의 현상은 일어나지 않는다. 당시의 뛰어난 천체관측기술이 엿보인다.

**PART 3** 해명할 수 없는 고대의 거대유적

## 아부심벨 대신전

### 정확한 관측기술

람세스 2세가 태어난 날인 2월 22일과 왕으로 즉위한 기념일인 10월 22일에만 3개의 석상에 빛이 닿도록 만들었다.

람세스 2세의 미라. 당시에는 무척 고령인 90살까지 살았다.

### DATA

**소재지**: 이집트 남부 누비아 지방

**시대**: 3250년 전 (기원전 13세기)

**유적의 목적**: 기도

**분석**: 람세스 2세는 자신과 신의 석상을 나란히 놓아 자신이 신과 마찬가지로 위대하다는 것을 보여주려 했을 것이다.

# 괴베클리 테페

역사를 뒤집을 대발견! 세계 최고(最古)의 종교시설

## 5톤의 돌기둥이 200개! 고대의 종교시설인가?

1994년 5톤이나 되는 T자형 돌기둥이 원형으로 늘어선 것이 6곳 발견되었다. 놀랍게도 돌기둥의 수는 합계 200개. 그리고 이렇게 거대한 유적에 사람이 살았던 흔적이 없다. 돌기둥에 새겨진 의문의 조각을 통해 생각해보면 기도를 드리는 곳이었을 가능성이 크다.

지금까지 '인류는 농업을 시작한 이후 종교를 가지게 되었다'고 여겼다. 그러나 이 지역의 사람들은 농업을 모르며 물과 과일, 사냥을 통해 살았다. 인류는 농업을 시작하기 전부터 종교를 지녔을 가능성이 높아졌으며, 괴베클리 테페의 발견으로 역사를 뒤집게 되었다.

### T자형의 돌

원형으로 늘어선 거석은 팔을 벌린 사람의 모습을 나타내는 것이 아닌가 하는 말도 있다.

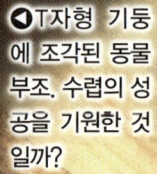

◐T자형 기둥에 조각된 동물 부조. 수렵의 성공을 기원한 것일까?

PART 3 해명할 수 없는 고대의 거대유적

괴베클리 테페

**DATA**

| | |
|---|---|
| 소재지 | 터키 남동부 시리아 국경 부근 |
| 시대 | 12000년 전 (기원전 101세기) |

유명 / 기술 / 진실 / 신비 / 충격

유적의 목적: 기도

분석: 발굴은 아직 5%밖에 진행되지 않았다. 앞으로 발굴을 더욱 진행하면 시설의 목적을 알아낼 수 있을지도 모른다.

# 에이브베리

**스톤헨지보다 큰 돌의 유적**

## 수백 개의 거대한 돌이 늘어선 광대한 의문의 서클!

영국의 에이브베리에 있는 스톤 서클. 비슷한 유적으로는 같은 영국에 존재하는 '스톤헨지'가 유명하지만, 에이브베리는 그보다 수십 배는 넓다. 직경 400m의 서클 바깥쪽에 깊이 9m의 굴과 둑이 존재한다.

만든 목적에 대해서는 유골을 몇 개 발견했다는 점을 통해 묘라고 보는 이가 있다. 그러나 묘라고 보기에는 유골의 수가 너무 적어 의식 장소였을 가능성이 크다. 그 외에도 천문대, 드루이드라는 종교의 시설 등 여러 가지 설이 존재한다. 그러나 전부 증거가 없어 진상은 알 수 없다.

◐무게가 100톤으로 '악마의 의자'라 불리는 돌. 이 주변을 반시계 방향으로 100번 돌면 악마를 소환할 수 있다는 전설이 내려온다.

◐영국에 있는 스톤헨지. 직경이 100m 정도로 에이브베리가 무척 크다는 걸 알 수 있다.

PART **3** 해명할 수 없는 고대의 거대유적

에이브베리

### 어수선한 여러 돌

원을 따라 100개의 거석이 놓여 있다. 또한 원 바깥쪽에는 3km에 걸쳐 크게 둘러진 200개의 거석이 늘어서 있다.

## DATA

| | |
|---|---|
| 소재지 | 영국 월트셔 주 |
| 시대 | 5000년 전 (기원전 31세기) |

### 유적의 목적

불명

**분석** 하짓날의 일출 각도에만 돌의 연결이 끊어지는 것을 보면 태양 신앙의 의식 장소였을 가능성이 높다.

147

# 뉴그레인지

## 동짓날 아침에만 빛이 내리쬐는 고분

🔺길이 76m, 높이 12m. 통로 앞쪽에 천장 높이 6m의 십자형 방이 존재하며, 5000년간 침수되지 않았다고 한다.

### 신들의 일족과 관련이?!

아일랜드에 전해지는 켈트 신화에 등장하는 신들의 일족인 다나 신족. 그들은 천체관측을 행했다고 한다.

🔻입구의 돌에 새겨진 소용돌이 문양은 부활을 나타낸다고 한다. 이곳이 묘라면 죽은 자의 부활을 기도하며 새긴 것일까?

# 1년에 한 번, 동짓날에만
# 태양빛이 가장 깊은 곳을 비춘다?!

아일랜드에 존재하는 직경 76m의 핫케이크 형태를 띤 고분. 흙과 돌을 쌓아 만들었다.
'루프박스'라는 입구에서 안쪽으로 길이 18m의 통로가 이어진다. 그곳에는 1년에 한 번, 동짓날 아침에 태양이 뜨는 짧은 시간에만 일어나는 현상이 있다. 태양빛이 입구로 내리쬐면 통로를 지나 고분 안쪽 가장 깊은 곳을 비추는 것이다. 그렇기에 태양신앙의 의식용 시설이 아닌가 하는 설이 있다. 한편 뼈가 발견되었기에 묘라고 보는 자도 있다. 만든 목적은 수수께끼이나 고도의 천문지식을 통해 만들었음은 분명하다.

PART 3 해명할 수 없는 고대의 거대유적

뉴그레인지

### DATA

| | |
|---|---|
| 소재지 | 아일랜드 미스주 |
| 시대 | 5000년 전 (기원전 31세기) |
| 분석 | 신화에 따르면 이곳은 신의 일족이 살던 곳이라고 한다. 발견된 뼈는 그 신의 것일지도 모른다. |

유적의 목적: 묘

# 카르나크 열석

**3000개의 거석군은 무슨 목적으로 만들어진 것일까?**

## 묘인가? 의식 장소인가?
## 천체나 신기루의 관측소인가?

프랑스의 카르나크에 존재하는 거석 유적. 무슨 목적으로 만들었는지는 불명이나 돌 아래에 뼈가 있어 묘라고 보는 자도 있다. 또한 거석은 해가 뜨는 동쪽에서 해가 지는 서쪽으로 늘어서 있으므로 태양을 숭배하기 위한 시설이라는 설, 그 외에도 천체관측소, 신기루 관측소 등 여러 설이 존재한다.

이 지역에 전해지는 전설에 의하면 3세기에 기독교의 성인 고르넬리오가 박해를 받아 이 지역으로 도망쳤다. 그때 그를 추적하던 로마 병사들을 이 거석으로 바꾸었다고 한다. 전부 확실한 증거는 없으므로 향후의 조사를 기대할 수밖에 없겠다.

▶가장 거대한 높이 6m의 '마니오의 대(大) 멘히르'라 불리는 돌. 멘히르란 '긴 돌'이라는 뜻이다.

▲4km에 걸쳐 3개의 열석군이 늘어서 있다. '메넥', '케르마리오', '케르레스칸'이라는 이름이 붙었다.

**PART 3 해명할 수 없는 고대의 거대유적**

## 카르나크 열석

**돌의 크기와 수**
가장 작은 것이 50cm, 가장 큰 것이 6m로 크기는 제각각. 그 수는 총 3000개에 달한다.

### DATA

- **소재지**: 프랑스 브르타뉴 지방
- **시대**: 7000~4000년 전 (기원전 50세기 ~기원전 20세기)
- **분석**: 어디서 어떻게 거석을 옮겼는지는 불명. 그래서 성인(聖人) 고르넬리오가 적을 돌로 바꾸었다는 전설이 생겼다.

**유적의 목적**: ? 불명

# 아잔타

**1300년이나 폐허로 남은 불교사원**

## 고도의 기술로 만들어진 불교사원을 우연히 발견!

인도의 정글에 존재하는 종교시설. 길이 550m, 높이 76m의 벼랑에 기계도 없던 시절 승려들이 인력으로 파서 만들었다. 길이가 7m나 되는 드러누운 불상 등 높은 조각기술에 감탄을 금할 수 없다. 왜 이런 숨겨진 곳에 만들었는가 하면 조용해서 수행에 적절하다는 점과 근처에 강이 흐른다는 점, 부드러워 파기 쉬운 화강암 지대라는 점이 그 이유이다.
하지만 힌두교가 번영하며 불교는 쇠락하게 되었고, 6세기에 승려들이 떠나면서 폐허가 되었다. 그리고 1819년에 영국인이 우연히 발견하게 된다.

◐아잔타를 밖에서 본 모습. 인도의 와고라강을 따라 형성된 절벽을 파서 30여개의 방을 만들었다.

PART **3** 해명할 수 없는 고대의 거대유적

아잔타

### 훌륭한 불교미술
바위산의 절벽에 1000개의 불상과 세세하게 그려진 멋진 벽화가 존재한다.

## DATA

**소재지** 인도 데칸 고원

**시대** 2200~1300년 전 (기원전 2세기 ~7세기)

**분석** 아잔타는 승려가 생활하는 부분과 예배를 하는 부분으로 나뉘었다는 점을 통해 기능적이었음을 알 수 있다.

유적의 목적: 기도

# 코판의 겹층 피라미드

마트료시카처럼 겹치게 만든 7개의 신전

## 피라미드 안에서 새빨간 신전이 나타나다!

온두라스의 코판 유적에 있는 신전. 10대째 왕이 초대왕을 기리기 위해 건설한 것이 최초로, 왕이 바뀔 때마다 이전 신전을 덮어쓰듯 새로운 신전을 계속 건설해 나가면서 7개의 신전이 겹치게 되었다.

이러한 구조의 목적에 대해서는 여러 가지 설이 존재한다. 우선 새로운 왕의 위대함을 보여주기 위해서라는 것. 두 번째는 이전보다 큰 신전을 만듦으로써 건축기술을 높이기 위해서라는 것. 그중에 가장 유력한 설은 10대째 왕이 초대왕을 숭배했다는 점을 보아 이 세상과 저 세상을 재현하여 죽은 초대왕이 두 세계를 왕래할 수 있도록 만들었다는 설이다.

**로사리라 신전**
7개의 신전 중에 가장 유명한 로사리라 신전. 이 안에서 초대왕의 유골이 발견되었다.

◀코판의 마지막 왕인 야슈 파사흐 찬 요팟(Yax Pasaj Chan Yopaat)이 건설한 신전. 이 안에 지금도 로사리라 신전이 묻혀 있다.

PART 3 해명할 수 없는 고대의 거대유적

코판의 겹층 피라미드

**DATA**

소재지 : 온두라스 서부 코판

시대 : 1600~1200년 전 (5세기~9세기)

유적의 목적 : 묘

분석 : 마야인은 태양과 피의 색인 붉은색을 신성시했다. 그렇기에 로사리아 신전을 빨갛게 칠했을 것이다.

# 나스카 지상화

## 지면에 그려진 거대도형은 UFO의 발착지?

△헬멧처럼 둥근 머리와 동그란 눈, 위아래로 연결된 옷이 딱 우주비행사의 모습이다.

### 우주비행사 도형과 외계인의 두개골을 발견!

페루의 나스카에 있는 약 700개의 거대한 지상화. 거미 등 다양한 도형이 존재하는데 무슨 목적으로 그렸는지는 불명이다. 이 지역에서 거미는 비를 상징하는 생물이라는 점과 모든 도형이 한붓그리기로 그려졌다는 점을 통해 기우제 의식을 하는 음악대가 행진하기 위한 표식선이 아닐까 하는 설이 존재한다. 그러나 비와는 상관없는 도형도 여럿 존재해 신빙성은 낮다. 하늘에서 보지 않으면 알 수 없다는 점, 그야말로 우주비행사처럼 생긴 도형도 존재한다는 점을 통해 UFO가 발착하기 위한 공항이 아닐까 하는 설이 유력하다.

## 다종다양한 거대도형

벌새, 콘도르, 거미 등 다양한 도형이 존재하나 크기가 너무 커서 300m 이상의 상공에서 보지 않으면 무슨 그림인지 알 수 없다.

**PART 3** 해명할 수 없는 고대의 거대유적

나스카 지상화

### DATA

| | |
|---|---|
| 소재지 | 페루의 나스카와 후마나 평원 |
| 시대 | 2300~1200년 전 (기원전 3세기 ~9세기) |

유적의 목적: 불명

**분석** 이만큼 거대한 그림을 당시 사람이 그리는 것은 불가능해 외계인이 그렸을 가능성도 배제할 수 없다.

157

## 추적 나스카 지상화의 목적은?

무슨 목적으로 거대한 그림을 그렸을까?!

### 발견으로부터 약 80년, 아직도 그려진 이유는 불명

현재에도 수수께끼에 둘러싸인 나스카 지상화. 하늘에서 봐야만 알 수 있는 거대한 그림을 그릴 필요가 있었을까? 달력이라는 설, 기우제 제사 장소라는 설, 무슨 그림인지 맞혀 지능을 시험했을 것이라는 설 등 다양한 설이 존재한다. 여기에서는 가장 가능성이 높은 두 가지 설을 검증한다.

### 가능성 1  죽은 왕이 기구를 통해 내려다보기 위해?

인간은 죽은 뒤 태양으로 간다는 태양신앙이 나스카에서 전통적으로 전해지고 있다. 그래서 죽은 왕의 영혼이 태양에 도달하도록 왕의 유체를 기구에 실어 날렸다는 설이다. 왕이 하늘에서 지상을 내려다볼 때를 위해 거대한 그림을 그렸다는 것이다. 묘에서 30m의 거대한 천이 발견되었는데, 기구를 만들 때 쓴 것이 아니었을까?

▲1783년에 발명된 기구. 지상화가 그려졌을 당시 기구는 아직 존재하지 않았다.

### 검증 1  당시에는 아직 기구가 없었다

지상화가 그려진 때는 기구의 발명으로부터 1200~1700년이나 이전이다. 따라서 기구에서 지상을 내려다보기 위해 그림을 그렸다는 설은 수긍하기 힘들다. 또한 묘에서 발견된 천이 기구에 사용되었다는 증거도 없다. 당시 기구가 없었다는 점에서 해당 설은 가능성이 낮다.

## 가능성 2 · UFO가 착륙할 때 사용하는 표식?

나스카에서 기묘한 두개골이 발견되었다. 머리는 좁고 길며 눈구멍은 비정상적으로 거대했다. 연구 결과 뼈의 형태가 인간의 것은 아니었다. 그렇다면 외계인의 두개골이 아닐까? 이 지방에서 외계인의 뼈가 발견되었다는 것은 외계인이 찾아왔다는 가장 큰 증거이다. 외계인이 돌아올 때를 위한 표식으로 지상화를 그린 것은 아닐까?

▶인간의 것이라고는 생각할 수 없는 두개골. 외계인의 것일까?

## 검증 2 · UFO가 돌아오기를 기원했다!

지상화 근처에는 피라미드가 존재한다. 내부는 미로처럼 생겼으며 입구로 들어가면 다시 입구로 돌아오도록 되어 있다. 한붓그리기로 그려진 지상화도 처음으로 돌아온다는 공통점이 존재한다. 이처럼 나스카인은 '같은 곳으로 돌아온다'는 점을 중시했다. 피라미드도 지상화도 UFO가 다시 이 땅에 돌아오도록 만든 것이라는 생각이 자연스러울 것이다.

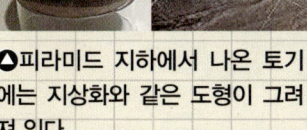

▲피라미드 지하에서 나온 토기에는 지상화와 같은 도형이 그려져 있다.

## 결론 · 지상화는 UFO의 공항이었을 가능성이 크다!

지상화는 공중에서 보지 않으면 알 수 없지만 당시에는 하늘을 나는 기술이 없었다. 따라서 하늘을 나는 누군가, 즉 외계인의 힘을 빌릴 수밖에 없었을 것이다. 그리고 '같은 곳으로 돌아온다'는 의미가 담긴 한붓그리기 지상화는 우주로 떠난 UFO가 다시 돌아올 수 있도록 만들어진 'UFO의 공항'이 틀림없다!

# 힐 피규어

**가장 오래된 지상화는 3000년 전에 그려진 것**

◀길이 110m의 '어핑턴의 백마'. 풍요를 상징하는 여신 에포나가 타는 말을 그려 풍작을 기원했다는 설이 있다.

### 거인 전설

거인 지상화에는 나쁜 거인을 마을사람들이 쓰러뜨렸다 혹은 두 거인 중 하나가 실수로 다른 하나를 죽여버렸다는 등의 전설이 존재한다.

## 백마와 거인의 그림은 무엇을 나타내는가?!

영국에 여럿 존재하는 지상화. 풀과 흙을 없애 아래의 하얀 바위를 노출시켜 그림을 그렸다. 그중 3000년 전에 그려진 '어핑턴(Uffington)의 백마'가 가장 유명하며, 농경의 여신이 타는 말을 그렸다는 설이 존재한다.

또한 '케른 아바스의 거인'과 '윌밍턴의 롱맨' 등 거인의 그림도 많다. 이것들은 실존했던 거인의 시체를 본떠 그린 것이라고 한다. 영국에는 거인이 살았다는 전설이 많으니 그러한 설에도 수긍이 간다. 그런데 왜 하필 거인의 시체를 본뜬 것일까? 여전히 수수께끼이다.

# PART 3 해명할 수 없는 고대의 거대유적

## 힐 피규어

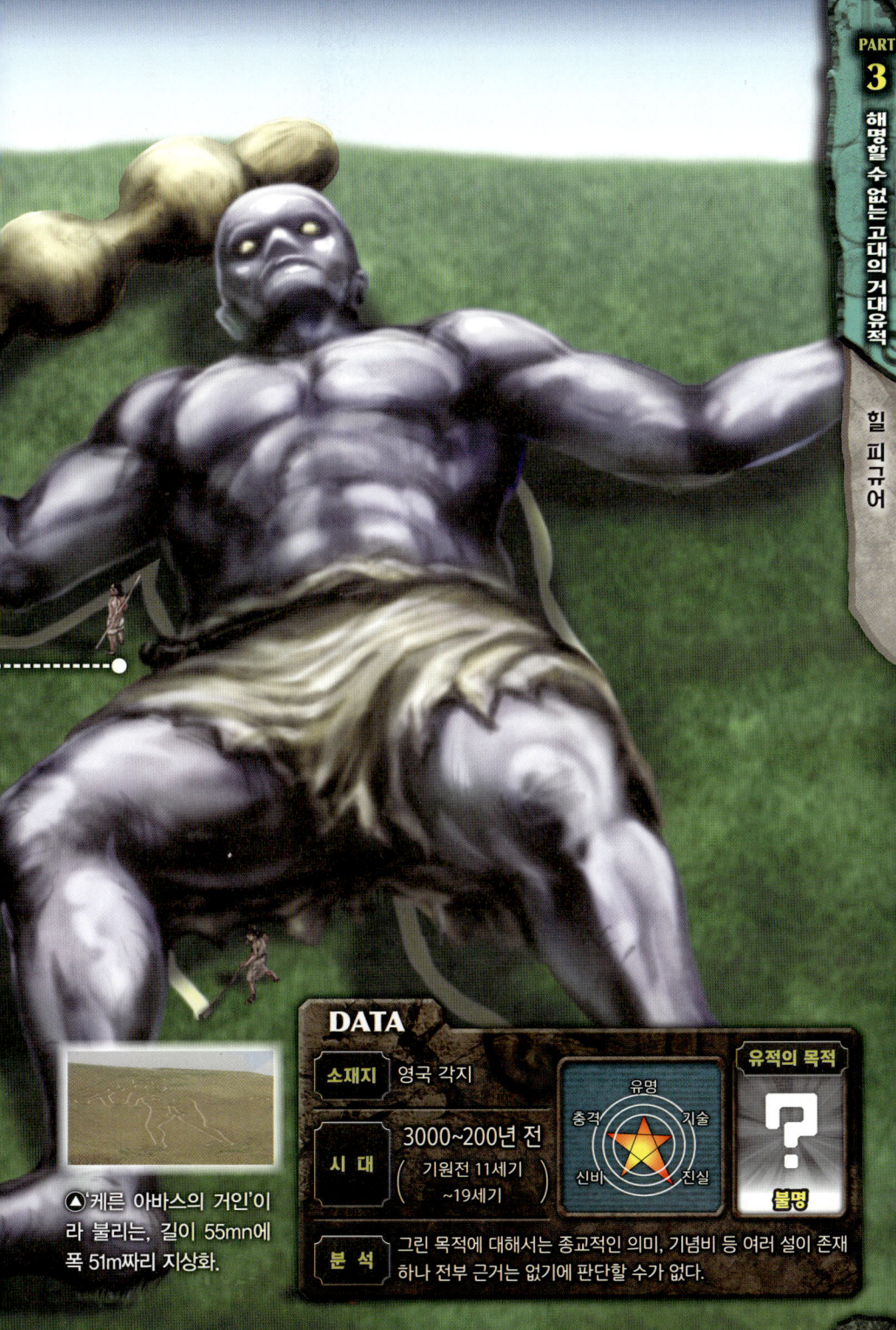

▲ '케른 아바스의 거인'이라 불리는, 길이 55m에 폭 51m짜리 지상화.

### DATA

- **소재지**: 영국 각지
- **시대**: 3000~200년 전 (기원전 11세기 ~19세기)
- **분석**: 그린 목적에 대해서는 종교적인 의미, 기념비 등 여러 설이 존재하나 전부 근거는 없기에 판단할 수가 없다.

**유적의 목적**: ? 불명

161

# 서펀트 마운드

## 태양신앙을 나타내는 뱀 형태의 묘인가?

▲서펀트 마운드의 전경. 구불구불한 뱀처럼 보인다.

### 의식을 행했다?!

계란형 부분에서 제단과 불을 태우는 장치가 발굴되었다. 이곳은 하지의 일몰 방향이므로 태양신앙 의식을 치르던 곳인지도 모른다.

## 거대한 뱀 형태의 언덕에서 다수의 유체를 발견!

미국에 존재하는 알을 삼키는 뱀 형태의 언덕. 만든 목적은 불명이다. 고대 이집트에서는 여신이 매일 태양을 삼킨 뒤 뱃속에서 꺼내기 때문에 낮과 밤이 존재한다 믿었다. 그것과 마찬가지로 태양의 움직임을 나타낸 것 아닐까?
뱀의 머리가 하지의 일몰 방향, 꼬리가 동지의 일출 방향을 향하고 있다. 따라서 태양의 움직임을 기록한 달력, 또는 태양을 숭상하는 제사의 장소였을 가능성도 존재한다. 하지만 안에서 유체가 발견되었기에 묘였다는 설도 버릴 수 없다. 역시 불가사의한 언덕이다.

**PART 3** 해명할 수 없는 고대의 거대유적

**서펀트 마운드**

### 400m 남짓한 언덕
전체 길이 435m, 묘의 높이는 1.5m, 몸통의 폭은 6m 정도로 미국 내에서도 최대 규모인 고분이다.

**DATA**

| | |
|---|---|
| 소재지 | 미국 오하이오주 |
| 시 대 | 2400년 전 (기원전 4세기) |

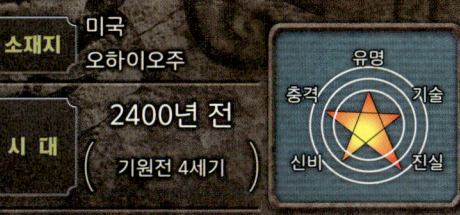

유적의 목적: 묘?

**분 석**: 죽음과 재생을 태양이 지고 뜨는 것에 빗대, 죽은 자의 부활을 바라며 유체를 묻었을 것이다.

# 파라카스의 거대 촛대

나스카보다 몇백 년이나 전에 그려진 오래된 지상화

**신의 가지를 그린 것일까?**
세로 189m, 가로 70m. 촛대가 아니라 비라코차라는 신이 든 가지를 그렸다는 설도 존재.

◀바다에 면한 사막의 경사면에 그려진 그림. 잉카 제국에서 숭상하던 신 비라코차의 번개 가지, 또는 남십자성을 모델로 그린 것이라는 말이 있다.

# 뱃사공의 귀환을 위한 표식인가?
# UFO를 위한 공항인가?

페루의 파라카스 반도 해안에 존재하는, 초를 세우는 대(촛대)처럼 생긴 지상화. 2000년 넘게 존재했다. 밤에도 멀리서 알아볼 수 있도록 하얗게 발광하는 돌이 놓여 있다는 점에서 뱃사공이 귀항할 때 표식으로 삼으라고 그렸다는 설이 있다.

그러나 이곳에서 남동쪽으로 170km 떨어진 지점에 UFO 공항설이 떠도는 '나스카 지상화(➡P156)'가 존재한다. 나스카의 지상화보다 수백 년이나 오래된 이 거대한 지상화는 역시 UFO의 공항이라 보는 편이 자연스럽지 않을까?

**PART 3** 해명할 수 없는 고대의 거대유적 — 파라카스의 거대 촛대

## DATA

| | |
|---|---|
| 소재지 | 페루 파라카스 반도 |
| 시대 | 2700~2400년 전 (기원전 7세기 ~기원전 4세기) |
| 분석 | 이 지방 특유의 염분 높은 안개 때문에 단단히 굳어 2000년 넘게 사라지지 않았다. |

유적의 목적: ? 불명

(충격 / 유명 / 기술 / 신비 / 진실)

## 아타카마 지상화

사막에 그려진 5000점에 달하는 도형

### 인류에게 문명을 알려준 신이 돌아오길 빌며 그린 것?

칠레의 아타카마 사막에 그려진 5000점 이상의 지상화로 원, 사각, 화살표, 십자, 동물 등 다양한 형태가 존재한다.
그중에서 가장 큰 것이 '아타카마의 거인'이라는 그림이다. 인간처럼 생긴 형상에 관을 썼거나 머리에서 벌레의 촉수 같은 것이 여러 개 돋은 모습이다. 그야말로 잉카의 신 비라코차와 똑같은 모습이다. 비라코차는 인류에게 문명을 주었으나, 인간은 그 괴상한 모습에 놀라 돌을 던졌다. 그러자 비라코차는 '다시 돌아오겠다'는 말을 남기고 사라졌다고 한다. 이 그림은 비라코차가 돌아오길 바라는 사람들이 그린 것인지도 모른다.

🔺비라코차 신의 그림. 손을 든 자세나 갈기 같은 관이 '아타카마의 거인' 지상화와 무척 닮았다.

PART **3** 해명할 수 없는 고대의 거대유적

아타카마 지상화

### 지상화의 특징

나스카 지상화는 흙을 파서 그렸으나 아타카마 지상화는 돌을 배치해 그렸다. '아타카마의 거인'은 길이 85m이다.

## DATA

| | |
|---|---|
| 소재지 | 칠레 아타카마 사막 |
| 시대 | 800~600년 전 (11세기~14세기) |

유적의 목적

불명

| | |
|---|---|
| 분석 | 해당 지역에서 머리가 길고 뾰족한 두개골이 발굴되었다. 이는 외계인의 뼈이며, 이 외계인들이 그림을 그린 것인지도 모른다. |

# 모아이 석상

*눈에 영력을 담은 거대한 인면석상 조각*

## 돌로 만든 부족의 수호신이 불가사의한 힘을 사용해 걷는다?!

칠레령 이스터 섬에 존재하는 약 900개의 거대한 인면석상. 초기에 만들어진 모아이는 인간에 가까운 형태가 많았으나 이윽고 가늘고 긴 대형으로 변해갔다.

일찍이 이 섬에는 긴 귀 부족과 짧은 귀 부족이 존재했는데 각자 자기들만의 모아이를 가지고 있었다. 모아이에는 눈을 끼워 넣을 수 있는데, 이 눈에 불가사의한 힘이 존재한다고 믿었다. 두 부족은 전쟁을 벌일 때 그 힘을 두려워하여 서로의 모아이에 달린 눈을 떼어냈다고 한다.

모아이는 만든 목적도, 운반법도 의문이다. 마을 쪽으로 향하고 있으므로 수호신, 또는 토대에서 사람뼈가 발견되어 묘라는 설도 있다.

### 모아이의 특징

가장 큰 것은 높이 20m, 무게 90톤. 전부 전쟁으로 쓰러지고 불가사의한 힘을 지닌 눈은 빼앗겼다. 현재 서 있는 것들은 복원한 것.

◁이 섬에서 사용한 롱고롱고 문자. 아직 해독되지 않았는데 어쩌면 모아이를 만든 목적이나 방법이 적혀 있을지도 모른다.

# PART 3
## 해명할 수 없는 고대의 거대유적

### 모아이 석상

## DATA

**소재지**: 칠레령 이스터 섬

**시대**: 1300~300년 전 (7세기~17세기)

**유적의 목적**:  기도

**분석**: 모아이와 집, 배를 만들기 위한 지나친 삼벌 토벌로 인해 발생한 자원쟁탈전으로 문명이 붕괴했으리라 보고 있다.

## 추적 모아이를 옮긴 방법이란

거대한 석상을 어떻게 옮겼을까…

### 무게 수십 톤에 달하는 돌을 어떻게 옮겼을까?!

무게는 평균 20톤, 가장 거대한 것은 90톤에 달하며 그 수는 약 1000개에 이른다는 모아이. 정말 인간의 힘으로 이런 거대한 석상을 옮길 수 있었을까? 주민이 옮겼다고 생각하는 게 당연하겠지만 모아이가 자기 발로 걸어갔다는 전설도 존재한다. 모아이가 어떻게 이동했는지 검증해보자.

#### 가능성 1  영력을 이용해 걸었다?

당시 모아이에는 눈이 박혀 있었으며, 이 눈은 영력을 지녔다고 한다. 모아이가 영력을 이용해 걸었다면 전설 또한 사실이었을지도 모른다.

◀눈이 있는 모아이의 재현. 옛날 사람들은 영력을 두려워해 눈을 떼어냈기에 현재 대부분의 모아이에는 눈이 없다.

#### 검증 1  현재 만든 눈을 가진 모아이는 걷지 않는다

정말로 영력이 존재했다면 현재 만든 눈을 가진 모아이도 걸을 수 있을 터. 그러나 걸었다는 보고는 없다. 단, 당시에 행했다는 신비한 의식은 재현할 수 없으며 현재에는 그저 눈을 달기만 했을 뿐이다. 그래서 영력이 깃들지 않는 것인지도 모른다.

## 가능성 2 — 밧줄로 잡아당겼다?

가장 원시적인 방법은 밧줄로 잡아당기는 것이다. 현대에도 무거운 것을 옮길 때 밀고 당기는 식으로 옮긴다. 고대인도 같은 방법을 이용한 것일까? 그래서 현대인이 모아이에 밧줄을 걸고 잡아당기는 실험을 해보았다.

### 검증 2 — 한 발씩 걷는 것처럼 보였다!

실제로 밧줄을 이용해 잡아당기는 방법을 시험해보자, 세 방향에서 잡아당기는 식으로 이동시킬 수 있었다. 또한 이 방법을 쓰면 모아이의 몸체가 좌우로 흔들리면서 이동하므로 한 발씩 앞으로 나아가는, 마치 걷는 것처럼 보였을 것이다.

◀밧줄을 이용했다고 가정하고 그린 상상도. 실험으로 인해 이 방법으로 옮겼다는 것이 증명되었다.

### 결론 — 모아이가 걷는 것처럼 보였다는 전설은 사실이었다!

현대에 만든 눈을 가진 모아이가 걷지 않았지만, 의식을 행했을 당시에도 걷지 않았다고 단언할 순 없다. 또한 밧줄로 잡아당기는 방법을 이용하면 걷는 것처럼 보였다. 모아이가 스스로 걷는 것처럼 보였다는 전설은 사실이었던 것이다.

# 진시황릉

**8000개의 군대 인형이 묘를 지킨다!**

## 당시에는 불가능한 기술로 만든 금속 무기와 인형

현재의 중국에 존재했던 나라 '진'을 다스리던 '시(始)'라는 황제의 묘. 무척 광대하며 '병마용'이라는 진짜를 쏙 빼닮은 실물 크기의 병사 인형이 8000점이나 묻혀 있었다. 인형이 든 금속 무기는 크롬 도금이라는 녹슬지 않는 가공처리가 되어 있었다. 이런 인형 제작과 금속가공은 당시의 기술로는 불가능한 것으로 보인다.

문헌에 따르면 '시황제는 서쪽 국경에서 거대한 사람과 만났다'고 한다. 서쪽 국경에 존재하는 '싼싱두이(삼성퇴) 유적'에서는 외계인으로 보이는 가면이 발견되었다. 어쩌면 외계인이 시황제에게 고도의 기술을 가르쳐준 것인지도 모른다.

### 병마용의 특징

병마용의 얼굴은 하나하나 다르며 똑같은 것이 없다. 병사의 계급에 따라 머리형태나 복장까지 다르다. 만들었을 당시에는 색이 칠해져 있었다.

◀싼싱두이 유적에서 발굴된, 뾰족한 귀와 튀어나온 눈알을 지닌 외계인처럼 생긴 가면.

PART 3 해명할 수 없는 고대의 거대유적

진시황릉

## DATA

| 소재지 | 중국 산시성 시안 부근 |
| --- | --- |
| 시대 | 5000년 전 (기원전 3세기) |
| 분석 | 병마용에는 마차와 광대, 관리인 인형도 존재한다. 시황제가 사후 세계에서도 풍족하게 지내기를 바라며 묻었을 것이다. |

유적의 목적: 묘

# 고대특별조사부의 조사보고서 3

**TOP SECRET**

## 인류의 역사를 뒤집을 진실!
# 인간과 공룡은 공존했다?!

여기에서는 인간과 공룡이 지구상에서 공존했다는 설에 대해 보고한다. 공룡이 멸종한 뒤 인간이 탄생했다는 것이 현재의 상식이지만, 동시기에 존재했음을 나타내는 화석이나 유물이 남아 있다. 그것들이 무슨 의미를 지니는지 탐구해보자!

### 가설 — 세계 각지에 흩어진 증거는 인류와 공룡의 관계를 나타낸다

일찍이 지구를 지배하던 공룡들, 현재를 살아가는 인류는 같은 시기에 살지 않았을 것이다. 그러나 세계 각지에서 여러 증거가 남아 있다는 점을 통해 공룡과 인류의 공존설을 생각해볼 수 있지 않을까?

| 5억 4000만년 전 | | | | | 2억 5100만년 전 | | | 6600만년 전 | | | 258만 8000년 전 |
|---|---|---|---|---|---|---|---|---|---|---|---|
| 고생대 | | | | | 중생대 | | | 신생대 | | | |
| 캄브리아기 | 오르도비스기 | 실루리아기 | 데본기 | 석탄기 페름기 | 트라이아스기 | 쥐라기 | 백악기 | 고제3기 | 신제3기 | 제4기 | |
| 삼엽충 | | 어류 | | 양서류 | **공룡** | | | 파충류 | | **인류** | |

◀인류가 탄생한 것은 신생대 제4기. 중생대의 공룡과 공존했을 리가 없는데….

## 근거 1 공룡시대의 화석이나 지층에 인류의 흔적이 존재한다!

많이 발견되는 공룡시대의 화석과 지층 안에 놀랍게도 인간의 것으로 보이는 화석이 존재한다. 이는 인류와 공룡이 공존했다는 증거일 것이다.

### 사례 1 백악기 지층에서 발견된 손가락 화석

미국 텍사스주의 백악기 지층에서 인간의 손가락처럼 생긴 화석이 발견되었다. 길이 약 5cm, 내부에는 뼈가 존재하며 단면을 통해 피부와 근육도 확인 가능하다고 한다.

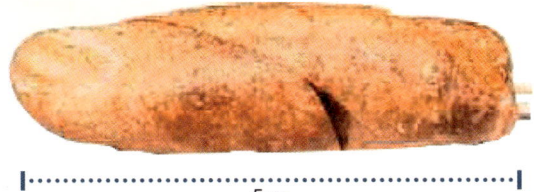
5cm

### 사례 2 인간의 손 모양, 발자국이 화석으로 남아 있다!

**버딕 트랙**
1950년대, 미국 텍사스주에서 발견된 길이 약 35.5cm의 거대한 발자국 화석. 추정 연대는 백악기. 공룡과 거인이 공존했다는 걸까…?

**커피 트랙**
미국 텍사스주에서 2억 5200만년 전의 지층으로부터 9개의 발자국이 남은 화석을 발견. 이 시대는 양서류가 번성한, 인류가 탄생하기 훨씬 전이었을 텐데….

**손 모양 화석**
1995년에 백악기 지층에서 발굴된, 약 20cm의 손 모양 화석. 이곳과 같은 지층에서 공룡의 발자국 화석도 발견되었다.

 ## 고대인이 남긴 유물에 묘사된 공룡

인간은 가까이 있는 여러 동물의 모습을 *토우로 만들거나 그림으로 그렸다. 그런데 발견된 유물 중에서 아무리 봐도 공룡처럼 생긴 것들이 존재한다. 이는 무엇을 의미할까?

### 사례 1 | 아캄바로의 공룡 토우

멕시코 아캄바로 교외에서 1945년에 발견된 토우. 대부분 낙타나 개, 새 같은 동물의 형태를 띠고 있었지만 그중에 지구의 역사를 뒤집는 것이 존재했다. 놀랍게도 공룡 형태의 토우를 발견한 것이다. 이 토우가 만들어진 것은 기원전 2500년 무렵. 당시에 공룡의 연구는 진행되지도 않았으니, 실제로 공룡을 보고 토우를 만들었을 가능성이 크다.

※토우: 흙으로 만든 사람이나 동물의 상.

◀사족보행인 공룡이 이족보행인 인간처럼 생긴 생물을 무는 모습으로 보인다. 인류와 공룡은 적대관계였던 것일까?

### 사례 2 | 앙코르에 남은 공룡 부조

캄보디아의 세계유산인 앙코르와트는 9세기에서 12세기에 걸쳐 번영한 왕조의 유적이다. 이곳에서 조금 떨어진 타 프롬이라는 유적에서 발견된 것은 공룡으로 볼 수밖에 없는 부조. 그 주변에는 물소나 사슴, 앵무새 같은 실재 동물의 부조도 존재한다. 그렇다면 이 공룡처럼 보이는 생물도 당시에 실존했다는 뜻일 것이다.

### 사례 3 | 도곤족의 공룡 모양 청동기 수납장

미지의 민족으로 알려진 도곤족은 서아프리카 말리공화국에 살았다. 그들이 1800년대에 만든 것으로 보이는 청동기 수납장의 형태는 공룡과 똑같이 생긴 생물에 인간이 탄 모습이었다. 아프리카 지역에서 인류가 공룡을 공존을 넘어 가축처럼 부렸다는 뜻일까?

### 결론 | 여러 증거가 나타내는 것은 인류가 공룡을 본 적이 있다는 뜻!

연구가 진행된 현재라면 몰라도 고대 인류가 본 적도 없는 공룡의 모습을 알 방법은 없었을 것이다. 즉 인류는 공룡과 같은 시대에 살았으며 직접 본 공룡을 토우나 청동기, 부조로 남긴 것이다.

### 고대 미스터리 신문

## 성지를 연결하는 의문의 직선의 정체는?!
# 레이 라인의 비밀

### 전체 500km에 이르는 길이를 자랑하는 레이 라인

교회나 유적 등 성지라 불리는 장소를 지도에서 보면 신기하게도 일직선을 이룰 때가 있다. 우연인지 아니면 고대인이 일부러 그렇게 만든 것인지는 명확하지 않지만, 이러한 직선은 '레이 라인'이라 불리며 대지를 흐르는 에너지의 통로라는 설이 존재한다.

세계에서 가장 유명한 레이 라인은 영국에 있는 '세인트 마이클즈 레이 라인'이다. 영국 남서부에서 북동쪽으로 뻗은 직선으로 전통적인 수도원 세인트 마이클즈 마운트를 시작으로 해서 영국 최대의 성지 글래스톤베리, 기원전 2500년에서 기원전 2000년 무렵에 거대한 돌로 만든 유적 스톤헨지 등 세계적인 파워 스폿이 이 직선상에 존재한다. 지금도 이곳에 담긴 불가사의한 힘을 찾아 수많은 관광객이 방문하고 있다.

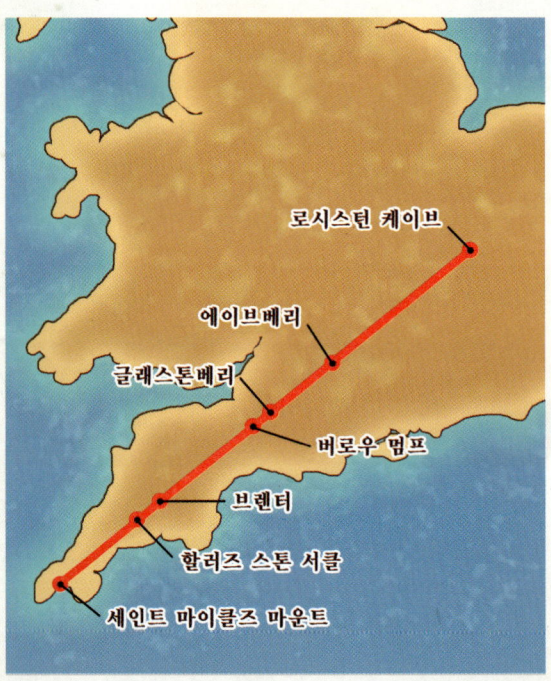

고대 미스터리 신문　　　　　　　　　　　　B.C. XXXX년 ○월 ○일

## 수도를 수호하는 일본의 레이 라인

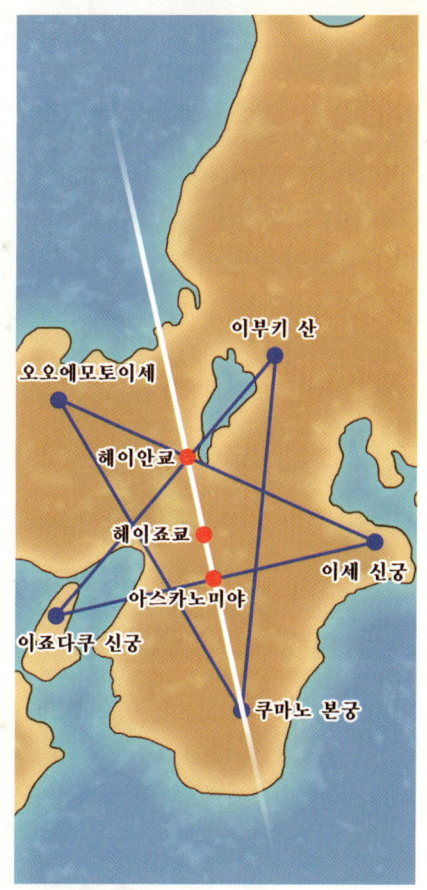

일본에도 고대의 성지를 연결하는 레이 라인이 존재한다. 이세 신궁, 쿠마노혼구 본사, 이부키 산, 모토이세, 이죠다쿠 신궁. 이 킨키지방의 중요한 성지들을 연결하면 *오망성이 나타난다. 나라 시대의 수도였던 헤이죠쿄는 그 중심에 건설되었으며, 이후 헤이안쿄(平安京)는 안쪽 오망성의 정점에 건설되었다. 또한 쿠마노 본궁에서 수도인 아스카노미야, 헤이죠쿄, 헤이안쿄를 연결하는 레이 라인도 존재한다.

※오망성: 5개의 직선으로 이루어진 별

## 스카이트리는 레이 라인 위에 지어졌다

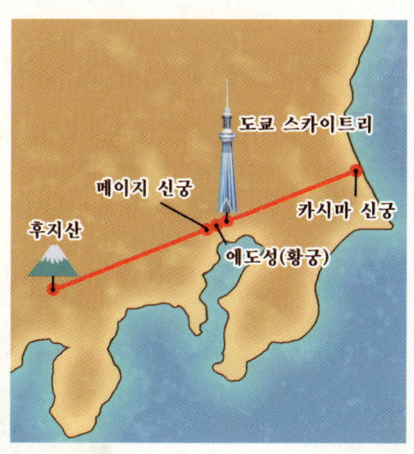

도쿄의 스카이트리도 카시마 신궁, 에도성, 후지산이라는 칸토지방의 신성한 장소와 일직선상에 위치하며, 레이 라인과 관련이 있다는 소문이 존재한다.

# 고대 미스터리 신문

B.C. XXXX년 ○월 ○일

UFO는 레이 라인을 표식 삼아 나타난다?!

## 레이 라인이 성지의 파워를 끌어올린다?!

레이 라인이 의도적으로 만든 거라면 그 이유는 대체 무엇일까? 일설에 따르면 성지를 서로 연결해 성스러운 힘을 강화하려는 것이라고 한다.

또한 레이 라인 위에서 UFO가 자주 목격된다는 사실도 밝혀졌다. UFO 연구가들 사이에서는 레이 라인이 UFO가 지나는 길목이라는 주장도 많으며 우주와의 연결고리로 보고 있다. 고대 사람들은 대지와 우주의 불가사의한 힘을 믿고 이를 이용하려 했던 것인지도 모른다.

## 레이 라인 아래에는 수맥이 많다!

레이 라인 중 몇몇은 지하수맥을 따라간다고 한다. 깨끗한 물이 흐르는 곳에는 신기한 에너지가 모인다는 걸까? 고대인은 그것을 느꼈던 것인지도 모른다.

### 편집 후기

세계에는 불가사의한 레이 라인이 분명 존재한다. 고대인은 그 토지에서 힘을 느끼고 성지를 지었을 것이다. 현재 남은 레이 라인에 고대에서 보내는 메시지가 숨겨져 있을지도 모른다.

# PART 4

# 현대에 남은 미지의 오파츠

세계에서 가끔 해당 지층의 연대에서는 제작할 수 없는 기술로 만들어진 유물이 발견되곤 한다. 과연 그것들을 만든 것은 미래인일까, 아니면 우주인일까?

# 사해문서

세계 각지의 유적이나 지층 안에서
가끔 있을 수 없는 것이 발견되곤 한다.
그 시대에 존재할 리 없는 기술로 만들어진 것.
그 시대에 살던 사람들이 알 리 없는
미래를 예언한 것.

그것은 인류의 역사 이전에 존재하던
초고대문명의 흔적일까…?

아니면 외계인이 찾아왔거나 미래인이
타임머신을 타고 방문했던 것일까…?

상식적으로
생각할 수 없는 유물을

'오파츠'
라고 부른다.

나오지 않네.

이 굴에는 없나 봐.

저쪽은 어떨까?

쨍그랑

휘익

우왓

뭔가 깨지는 소리가….

살펴보자!

뭐, 뭐야, 이건…?!

?

너덜너덜해…

가지고 돌아가 아빠한테 보여드릴까?

동굴에서 낡은 두루마리를?

그 안에 사람들을 전율하게 만든 묘사가 존재했다. 그것은… 세계의 종말에 대한 예언.

'멸망의 화살이 일제히 발사되고, 노린 대로 명중한다. 그것은 번쩍이는 화염과 함께 덮쳐올 것이며, 그곳에서 물을 먹는 자들은 전부 사라질 것이다.'

끝나지 않는 전쟁으로 지상은 불바다가 되고, 인간이 절대로 써서는 안 될 무기에 손을 대 세계가 멸망한다는 예언 이었다고 한다.

사해문서를 쓴 집단은 어떻게 미래를 예언할 수 있었을까?

세계의 종말은 가까운 미래에 정말로 찾아올 것인가….

# 사해문서

## 세계의 종말을 예언한 수수께끼의 고문서

1947년, 사해 호숫가의 동굴에서 양치기가 발견한 문서. 이 문서는 무려 2000년 전의 고대 히브리어로 쓰인 것이었다. 이후의 연구를 통해 발견된 문서 안에는 지금까지 발견된 것보다 1000년이나 오래된 성서를 베낀 것도 포함되어 있어, 그간 알려지지 않았던 기독교의 역사가 적힌 것은 아닐까 세상을 들썩이게 했다.

주목할 점은 세상의 붕괴에 대한 예언이 실려 있다는 것. 다른 종교와의 다툼이 전쟁으로 발전하게 된다는 그 내용은 정말로 일어날 것인가?

### 20세기 최대의 발견

지금까지 발견된 것보다 1000년이나 오래된 972개의 성서 사본은 20세기 최대의 고고학적 발견이라 일컫는다.

▲사해문서는 사해라는 호수 근처의 동굴에서 발견됐다. 참고로 이 호수는 염분 농도가 높아 물고기가 살 수 없기에 '사해(死海)'라는 이름이 붙었다.

## 불가사의한 힘을 지닌 교단

사해문서를 남긴 것으로 생각되는 쿰란 교단은 혹독한 수행의 결과로 불가사의한 힘을 얻었다고 한다.

**PART 4 현대에 남은 미지의 오파츠**

## 사해문서

### 기독교의 역사를 뒤흔드는 종교적 대발견!

**DATA**

| | |
|---|---|
| 소재지 | 요르단 |
| 시대 | 2000년 전 (1세기) |

**재질**

종이

**분석** 2000년이라는 시간을 거쳐 발견된 기독교에 관한 문서. 그 발견이 세계에 끼친 영향은 거대했다.

# 추적 사해문서의 예언은 사실일까?!

무시무시한 세계 핵전쟁의 묘사…

## 의문의 교단이 남긴 '사해문서'란

이스라엘 동부, 사해의 서안에 존재하는 쿰란이라는 동굴에서 1947년에 발견된 '사해문서'. 이를 동굴에 숨긴 것은 유대교의 일파인 쿰란 교단 사람들이다. 문서에는 '구약성서'를 베낀 내용, 교단의 가르침 그리고 세계의 파멸을 예언하는 글이 적혀 있었다. 예언은 정말 이루어질까?

### 사해문서의 내용

예언 내용에 의하면 '이스라엘 나라가 건국되나 이후 70년간 혼란에 빠질 것이다. 그러한 혼란 끝에 거대한 해일과 전쟁 그리고 파멸이 찾아온다'고 한다. 이스라엘의 시작과 파멸에 대한 서술 외에도 '빛과 어둠의 최종전쟁'이 일어난다는 내용도 적혀 있다.

### 가능성 1 불가사의한 힘을 지니고 있었다?!

사해문서를 남긴 쿰란 교단은 어떻게 예언이 가능했을까? 쿰란 교단은 규칙이 엄격하다고 알려진 유대교 중에서도 특히 엄격하다는 에세네파(Essene派) 소속이다. 쿰란 교단의 사람들은 엄격한 가르침을 지키면서 신비한 힘을 얻게 되었을지도 모른다.

### 검증 1 신의 목소리를 들었다!

쿰란 교단 사람들은 재산을 모으지 않고 고기를 먹지 않으며 검소하게 기도와 명상을 반복하는 생활을 보냈다. 규율을 깬 자에게는 혹독한 벌을 주었다고 한다. 그런 수행을 통해 신의 목소리를 듣고 미래를 예언하는 힘을 얻게 되었는지도 모른다.

## 가능성 2 세계의 파멸은 정말로 일어난다?

'사해문서'가 쓰여진 것은 기원전 100년 이전이라 말해진다. 그것이 약 2000년의 세월이 지나 이스라엘 건국(1948년) 1년 전에 발견된 일은 우연이라 생각하기 어렵다. 그리고 예언에 나오는 '건국 70년 뒤'라는 것은 바로 요즘이다. 이를 통해 예언이 사실일 가능성은 높다.

▲발견 당시의 '사해문서'. 양의 가죽으로 만든 양피지라는 종이에 글을 적은 두루마리다.

## 검증 2 예언이 정말로 일어날 가능성은 충분하다!

최근 뉴스를 보더라도 알 수 있듯 이스라엘 주변의 중동 정세는 종교와 정치적 문제가 얽히며 악화되고 있다. '사해문서'의 예언에 의하면 가까운 시일에 세계가 휩쓸리는 핵전쟁이 발발한다니, 세계가 위험으로 내몰릴 가능성은 충분히 있을 것이다.

▲세계 핵전쟁은 일어날 것인가?

## 결론 '사해문서'의 예언은 적중할지도 모른다…

불가사의한 힘을 지녔다는 쿰란 교단이 남긴 '사해문서'의 예언은 현재의 중동 정세를 보더라도 사실일 가능성이 크다. 예언이 실현되지 않도록 뭔가 할 수 있는 일이 없을까…?

PART 4 현대에 남은 미지의 오파츠 — 사해문서

# 수정 해골

마야 문명의 유적에서 발견된 수정 해골이 의미하는 것은?!

1927년, 마야 문명의 유적을 조사하던 미첼 헤지스는 제단 밑에서 빛나는 것을 발견. 파헤쳐 보니 그것은 수정으로 만들어진 인간의 두개골이었다. 분석 결과 그 두개골은 아래턱 뼈를 제외하면 하나의 수정으로 이루어져 있으며, 그 형태가 정확하고 공구를 사용해 만든 흔적은 보이지 않았다. 현대 기술로도 만들기 어려우며 만약 공구 없이 만들려면 하나에 300년은 걸린다고 한다. 세계 각지에 흩어진 13개의 진짜 수정 해골을 전부 모으면 이 세계의 진실을 깨닫게 된다고 한다. 고대 마야인이 그러한 진실을 미래에 전하기 위해 만든 것인지도 모른다.

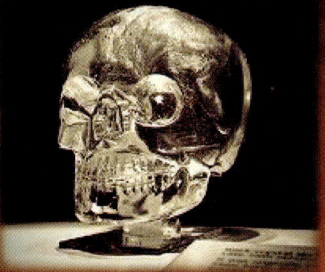

▲2011년 공개된 '힘러 스컬'. 헤지스 스컬과 마찬가지로 진짜 13개의 스컬 중 하나라 말해지고 있다.

**인간의 두개골을 완전 재현**

몽골로이드(황색인종)의 두개골 형태를 정확하게 재현했다. 아래턱 뼈는 분해가 가능한 별도의 부분으로 이루어져 있다.

## 진짜를 13개 모으면 무슨 일이 일어난다?!

높이 17 x 폭 12.5 x 길이 17.5cm, 무게 5kg. 빛을 쬐면 빛이 수정을 통과하며 무지개 빛으로 빛난다. 13개를 모으면 불가사의한 일이 일어나며 세상의 비밀을 깨닫게 된다고 한다.

# PART 4 현대에 남은 미지의 오파츠

## 수정 해골

### 13개의 수정 해골을 모으면 우주의 진실이 밝혀진다?!

**DATA**

- **소재지**: 미국 인디애나주
- **시대**: 불명
- **분석**: 루바안툰 유적에서 발견된 헤지스 스컬 외에도 지금까지 세계에서 20개 이상 발견되었다.

유명 / 기술 / 진실 / 신비 / 충격

**재질**: 돌

# 추적 수정 해골은 진짜일까?

지구의 역사를 알아낼 열쇠를 쥐고 있다?!

## 가장 유명한 오파츠, 수정으로 만들어진 해골

여러 오파츠 중에서 가장 유명한 것이 이 수정 해골. 그러나 수정 해골은 근대에 만들어진 가짜이며 오파츠가 아니라는 자도 있다. 과연 수정 해골은 정말 오파츠로 부를 만한 존재인지 검증해보자.

### 증거 1 고도의 가공기술로 만들어졌다

① 수정 해골은 보통 수정의 축에 맞춘 형태로 가공하지 않으면 쪼개지지만 헤지스 스컬은 축에 맞춰 만들어지지 않았다.

② 공구를 사용하지 않고 만들려면 상당한 시간이 걸리지만 표면에 공구를 사용한 흔적이 없다.

③ 빛이 닿으면 독특한 빛을 보이도록 가공되었으나 당시에 그런 기술이 존재했다 보긴 어렵다.

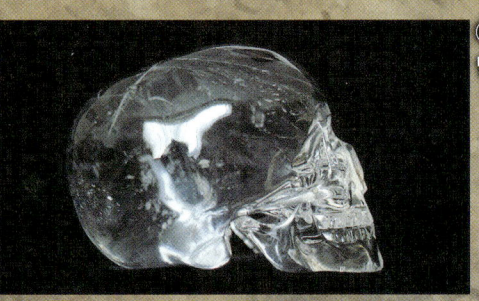

◀마야 문명의 유적에서 발견된 '헤지스 스컬'.

◀뾰족한 머리, 큰 눈이 외계인의 특징과 비슷해 ET 스컬이란 이름이 붙었다(우측 사진). 몸과 마음을 치유하는 효과가 있다는 이카봇 스컬(좌측 사진).

## 증거 2 수정 해골은 가짜다?!

프랑스의 케 브랑리 박물관에 있는 패리스 스컬은 아즈텍의 유적에서 발견된 것으로 여기고 있었다. 그러나 2008년에 실시한 감정에서 표면에 남은 기계 흔적을 통해 19세기 후반 독일에서 만들었다는 것이 판명. 또한 브리티시 스컬도 가공된 흔적이 존재해 19세기 후반에 만들어졌다는 것이 판명됐다. 이처럼 최근 여러 연구자에 의해 몇몇 수정 해골은 가짜라는 판정이 나왔다.

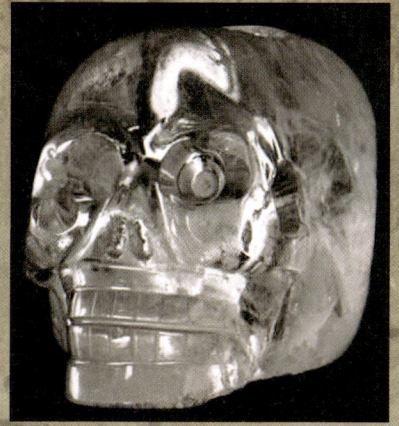

▲'패리스 스컬'의 특징인 머리에서 바닥에 이르는 수직 구멍은 기계로 깎을 때 생긴 것이다.

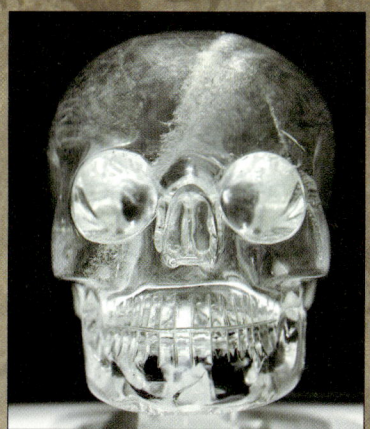

▲원반형 공구로 가공한 흔적이 발견된 '브리티시 스컬'.

## 결론 수정 해골은 오파츠라 말할 수 있다!

현재 발견된 수정 해골 중에는 가짜인 것도 있다. 하지만 분명 고대의 유적에서 발견된 '헤지스 스컬'은 가짜라 판단할 결정적인 증거가 없다. 고대에 이 정도로 고도의 가공기술이 존재했다고 생각하긴 어렵다. 역시 이는 당시 존재할 리 없던 기묘한 물건, 즉 오파츠라 말할 수 있지 않을까? 아직 수수께끼가 많지만 만약 전승대로라면 세계 어딘가에 잠들어 있는 진짜 13개의 수정 해골을 모아 세계의 역사를 알아낼 수 있을지도 모른다.

# 안티키테라 섬의 기계

### 기원전에 만들어진 세상에서 가장 오래된 아날로그 컴퓨터

1901년, 그리스의 안티키테라 섬 연안에서 2200년 전의 기묘한 기계가 발견되었다. 처음에는 기계식 장난감이라 생각했으나 이것이 천체의 움직임을 계산하기 위해 만들어진 정밀한 기계임이 밝혀졌다. 이 톱니바퀴 구조가 18세기 무렵에 생긴 기술에 버금갈 정도로 발달된 것이라는 점에서 가장 오래된 컴퓨터라 일컬어지고 있다.

고대인은 달의 궤도가 타원형이라는 것을 몰랐을 텐데 기계에는 타원형 톱니바퀴를 사용한 달의 궤도가 들어가 있었다. 고대 그리스인은 1000년 뒤의 미래 기술을 대체 어떻게 손에 넣었을까?

▲30개 이상의 톱니바퀴로 이루어진 복잡한 기계. 측면의 핸들을 돌려 천체의 움직임을 정확하게 예측할 수 있다.

## 월식 등의 시기를 계산했다?!

고대인은 달의 궤도를 도입한 이 기계를 이용해 월식이 일어날 시기 등을 관측했던 것일까?

PART 4 현대에 남은 미지의 오파츠

## 안티키테라 섬의 기계

### 천체의 움직임을 정확하게 예측?! 2200년 전의 톱니바퀴식 천체관측기

**윤년까지 계산 가능하다**

일식과 월식 시기를 예측 가능. 또한 4년에 한 번 찾아오는 '윤년'까지 계산하여 설계했다고 한다.

### DATA

- **소재지**: 그리스 안티키테라 섬
- **시대**: 2200년 전 (기원전 3세기 무렵)
- **분석**: 석화된 81개의 부품을 기반으로 복원품을 만들어보니 일식과 월식 등 천체의 움직임을 계산할 수 있다는 것이 밝혀졌다.

유명 / 충격 / 기술 / 신비 / 진실

**재질**: 돌

# 아시리아의 수정 렌즈

*기원전 7세기의 유적에서 발견된 가장 오래된 렌즈*

1853년 영국의 고고학자 레야드는 기원전 7세기 무렵의 아시리아 문명 유적에서 수정 조각을 발견했다. 한 면은 평평하고 다른 면은 볼록하여 책 위에 놓으면 문자를 확대해 볼 수 있다고 한다. 이러한 점에서 레야드는 이것이 분명 고대의 렌즈일 것이라 생각했다.

지금까지 2세기 무렵 고대 로마의 학자 프톨레마이오스가 고안한 것이 렌즈 구조의 첫 발견이라 여겨왔다. 그러나 이것이 정말로 렌즈라면 지금까지의 생각을 수정해야 한다. 즉 고대 과학기술은 더욱 발달했던 것이다.

**확대해서 보여준다**

길이 4.2cm, 폭 3.45cm, 두께 0.64cm. 렌즈 같은 형태를 띄고 있다.

▲나무나 조각으로 이루어진 장식품과 함께 발견되었다. 렌즈로 만들어진 것이 아니라 장식품으로 만들었지만 우연히 렌즈 효과를 얻게 되었다는 학자도 있다.

## 식물을 관찰하기 위해 사용했다?!

기원전 7세기에는 책이 없었을 것이다. 렌즈는 식물을 관찰하기 위해 사용했을까?

PART **4** 현대에 남은 미지의 오파츠

아시리아의 수정 렌즈

# 고대인도 현대처럼 렌즈 지식을 가지고 있었다!

**DATA**

| | |
|---|---|
| 소재지 | 이라크 니네베 유적 |
| 시 대 | 2600년 전 (기원전 7세기) |

분석: '님루드 렌즈'라는 별칭으로도 불리는 렌즈. 태양빛을 모으기 위해 사용했다는 견해도 존재한다.

# 하토르 신전의 조명기구

## 고대 이집트인은 정말로 전구를 사용했을까?!

사랑과 농경의 여신 하토르를 모시는 하토르 신전. 기원전 1세기에 만들어진 이 신전 지하의 벽에는 기묘한 부조가 남아 있다. 마치 전구를 다루는 것처럼 보이는 이 그림은 '덴데라의 전구'라 불리고 있다.

이 그림을 전구라고 생각한 데에는 이유가 있다. 이집트 신전에는 빛이 전혀 닿지 않는 장소임에도 불에 그슬린 흔적이 없다. 어둠 속에서 당시 사람들이 횃불도 없이 작업이 가능했다고 보긴 어렵다. 이러한 점 때문에 고대 이집트인이 전구를 사용했다는 것인데, 대체 어디서 그런 지식을 얻었을까?

▲신전 정면. 전구는 지하에 있는 석회석 벽에 부조로 표현되어 있다. 전구의 길이는 약 2.5m, 두께는 최대 약 1m~최소 0.5m.

### 엔진보다도 이전에 발명?!

엔진으로 인한 전기가 발명된 것은 1880년 즈음. 고대 이집트인은 그보다 2000년도 전에 전기를 사용했던 것일까?

## 제단에서 신을 기리기 위해 사용했다?!

부조에도 등장하는 장소는 신전이다. 전구는 제단에서 주신 하토르의 신상을 경배할 때 사용했을지도 모른다.

**PART 4** 현대에 남은 미지의 오파츠

하토르 신전의 조명기구

전구
필라멘트
케이블
전원

# 에디슨의 발명보다 2000년 전에 이집트인은 전구를 사용했다?!

▲전기를 넣으면 필라멘트라는 부품에 전류가 통과하며 발광하는 현대의 전구.

### DATA

| 소재지 | 이집트 하토르 신전 |
|---|---|
| 시 대 | 3000년 전 (기원전 10세기) |

충격 / 유명 / 기술 / 진실 / 신비

재 질 — 돌

| 분 석 | 신전 안에서는 그 밖에도 여러 부조가 발견되었다. 후세에 이러한 기술을 남기기 위함이었을까? |
|---|---|

# 바그다드 전지

## 2000년 전의 유적에서 발견된 전기 발생이 가능한 금속

이라크의 수도 바그다드에는 약 2000년 전에 번영했던 고대 파르티아 유적이 존재한다. 1936년에 이 부근을 홍수가 휩쓴 뒤 복구작업 도중 높이 10cm 정도의 기묘한 항아리를 발견했다. 안에는 철막대가 들어간 구리통이 고정되어 있었으며 윗부분은 아스팔트로 봉했다.

독일인 고고학자인 케니히는 이것이 고대의 전지라 발표. '바그다드 전지'라 불리며 일약 유명세를 탄다. 전지 제조사가 이 전지를 복원해보니 2볼트 정도의 전력을 확인했다고 한다. 그들이 이런 지식을 어디에서 얻은 것일까? 지금도 논의가 계속되고 있다.

### 바그다드 전지의 구조

- 아스팔트
- 질그릇
- 구리통
- 철막대
- 포도주, 초(酢) 따위의 전해액?

▲토기 안에 아스팔트로 고정된 구리통이 존재하며, 그 안에 액체와 철막대를 집어넣어 발전을 했다.

### 토기 안에 있던 금속 막대와 구리통

항아리의 높이는 10cm, 직경 3cm 정도로 작다. 항아리는 토기이며, 안에는 철막대가 들어간 구리통이 들어가 있다.

## 안에 액체를 넣으면 전기가 발생한다!

당시에 만들던 포도주를 액체로 사용해 같은 구조의 모형을 재현해보니 전력이 발생했다. 정말 2000년 전에 전기를 사용했던 것일까?

# PART 4 현대에 남은 미지의 오파츠

## 바그다드 전지

### 2000년 전의 유적에서 발견된 작은 항아리의 정체는 전지?!

**DATA**

- **소재지**: 이라크 바그다드
- **시대**: 2000년 전 (1세기)
- **재질**: 금속
- **분석**: 근처에서 같은 항아리가 여러 개 발견된 점을 보면 이런 전지가 일반적으로 사용된 것인지도 모른다.

# 바알베크 남쪽의 돌

### 거인이 옮겼다?! 거석에 남겨진 불가사의한 전설

레바논에 있는 로마 제국의 유적 바알베크. 그곳에서 남쪽으로 약 1km 정도 떨어진 곳에 무게가 2000톤에 달하는 거석이 존재한다. 이렇게 거대한 돌은 NASA의 로켓으로도 들어올릴 수 없다.

이 거석은 해당 지역에 살던 셈계 민족, 페니키아인이 남긴 것이라 보고 있다. 고대 아라비아 서적에는 당시의 왕인 니롬드의 명령으로 거인족이 이 거대한 돌을 옮겼다는 전설이 기록되어 있다. 이 전설이 정말이라면 2000톤이나 되는 돌을 옮긴 거인은 대체 크기가 얼마나 컸으며, 니롬드는 무엇을 만들려 했던 것일까?

▲거석의 절반은 땅에 묻혀 있다. 건설 중에 사고가 발생해 그대로 두고 떠난 것일까?

## 거인족이 건설했다는 거대도시!

바알베크 유적에는 그 외에도 거대한 돌을 사용한 건조물이 많다. 그 규모는 확실히 평범한 인간이 건설했다 보기 어려울 정도라 거인이 건설했다는 말에도 수긍이 간다.

PART **4** 현대에 남은 미지의 오파츠

바알베크 남쪽의 돌

# 2000톤이나 되는 거석을 옮긴 것은 전설 속의 거인족인가?!

**인력으로는 3만 명이 필요**

길이 21.5m, 높이 4.2m, 폭 4.8m, 무게 2000톤. 통나무를 이용해 인력으로 옮기려면 하루에 1마일(1.6km) 옮기는 데 3만 2000명이 필요하다.

## DATA

| | |
|---|---|
| 소재지 | 레바논 바알베크 |
| 시대 | 3000년 이상 전 (기원전 10세기 이전) |
| 분석 | 이 지방의 유명한 신전 '트리리톤'도 300톤의 거석으로 만들어졌다. 이것도 거인이 만들었을까? |

유명 / 충격 / 기술 / 신비 / 진실

**재질**: 돌

# 네브라 디스크

**청동기 시대의 인간은 고도의 천문지식을 지녔다?!**

독일의 네브라라는 도시 부근에서 발견된 청동 원반. 표면의 금장식은 달과 태양과 별의 위치를 나타낸 것이라 천문판으로 보고 있다. 또한 7개의 별이 모인 부분은 플레이아데스 성단(황소자리에 있는 밝은 별의 집단)으로 보고 있다.

감정 결과 네브라 디스크는 약 3600년 전에 만들어진 것으로 판명. 이는 청동기 시대의 사람들이 고도의 천문지식을 갖추고 있었다는 증거이다. 지금까지 유럽에 천문학 지식이 전해진 것은 이로부터 1000년 뒤라 여기고 있었으니, 그야말로 종래의 상식이 네브라 디스크의 발견으로 뒤집힌 셈이다.

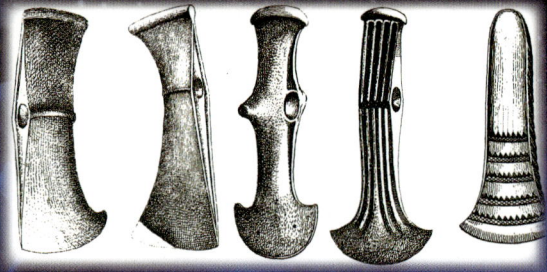

▲같은 청동기 시대에 만들어진 나이프. 석기 시대에서 막 발전된 이 시대에 급격하게 문화가 발전했다.

## 하지와 동지의 태양 위치를 정확하게 나타낸 가장 오래된 천문판

지평선과 묘사된 달, 태양, 별을 서로 대조해 하지와 동지인 날 태양이 뜨는 위치 등을 정확하게 알아낼 수 있다.

PART **4** 현대에 남은 미지의 오파츠

네브라 디스크

독일에서 출토된 세계에서 가장 오래된 천문판! 고고학의 상식을 뒤집다?!

**인류 최고(最古)의 천문판**

직경 32cm, 무게 2kg, 두께 4.5~1.5mm. 2005년에 독일 연구팀에 의해 인류 역사상 가장 오래된 천문판이라는 결론이 내려졌다.

**DATA**

| | |
|---|---|
| 소재지 | 독일 네브라 미텔베르크 |
| 시대 | 3600년 전 (기원전 16세기) |
| 재질 | 금속 |

분석: 인류 역사상 가장 오래된 천문판. 달력을 완전히 이해하지 못하면 만들 수 없을 정도로 정확하다.

207

# 고대 이집트의 천문도

**클레오파트라를 위해 만든 고대 이집트의 집대성!**

전구 부조(➡P200)로도 유명한 하토르 신전의 천장에 존재하는 부조. 고대 이집트의 마지막 여왕 클레오파트라가 만들도록 명해 '클레오파트라의 천문도'라는 별칭으로도 불린다. 이 천문도는 별자리와 달력, 기원전 50년 무렵의 일식까지 묘사하는 등 고대 이집트 문명의 천문학 지식의 정수를 담고 있다. 당시 이집트에서는 특정한 별의 움직임이 운명에 영향을 끼친다고 보았다. 따라서 정확한 천문도를 기록할 필요성 때문에 천문학이 발달한 것으로 보고 있다. 이처럼 현대에도 사용하는 달력과 시간에 관한 지식을 그 당시 사람들은 어떻게 얻었을까?

◀일반적으로 알려진 클레오파트라는 정확히 말해 클레오파트라 7세를 말한다. 절세의 미녀로 유명하며 파란만장한 인생을 보냈다.

## 클레오파트라가 즉위한 다음해에 제작!

이 천문도는 기원전 50년 무렵에 만들었다. 그보다 1년 전에 클레오파트라가 여왕으로 즉위했으니 자기 왕조의 번영을 빌며 천문도를 제작하도록 한 게 아닐까?

PART **4** 현대에 남은 미지의 오파츠

## 고대 이집트의 천문도

# 현재 달력의 기반이 된 고대 이집트의 뛰어난 천문학!

### 고대 이집트의 지식을 모은 대작

'덴데라 황도대'라는 별칭으로도 불리는 이 천문도는 천공을 지탱하는 4명의 여신과 별자리, 이를 상징하는 신들이 묘사되어 무척 웅장하다. 원래는 색이 칠해져 있었을 것이라 보고 있다.

**DATA**

- **소재지**: 이집트 하토르 신전
- **시대**: 7000년 전 (기원전 50세기)
- **분석**: 실물은 나폴레옹이 가지고 갔다고 한다. 그가 탐낼 정도로 뛰어난 천문도였을 것이다.

유명 / 충격 / 기술 / 신비 / 진실

**재질**: 돌

# 타실리나제르의 바위그림

### 신석기 시대의 사람들은 외계인과 교신했다?

타실리나제르는 알제리의 사하라 사막에 있는 산맥. 정상 부근에 있는 암벽에 8000년 정도 전부터 그리기 시작한 2만 점 이상의 벽화가 존재한다.

그 대부분은 당시 사람들의 생활이나 동물의 모습을 묘사한 것인데 개중 이상한 것도 존재한다. 그것은 '마르스'라 불리는, 그야말로 우주복을 입은 듯한 존재의 모습이다. 이 부근에서는 '하늘에서 내려온 알에서 하늘의 신이 나왔다'는 전설이 존재한다. 우주인 같은 모습의 '마르스'가 사람들이 숭상하던 하늘의 신이라면, 이 하늘의 신은 외계인일지도 모른다.

◀세파르의 신 '하얀 거인'이라 불리는 벽화. 높이 3m 정도. 뿔 같은 것이 돋은 납작한 머리와 팔찌를 차고 혹이 나온 팔을 묘사했다.

## 물이 풍부한 토지였다

타실리나제르는 '물이 흐르는 대지'라는 의미. 그러나 현재에는 '황야'를 의미하는 사하라로 이름이 바뀌고 말았다. 신석기 시대에 외계인이 와서 핵병기 같은 걸 사용해 땅이 메마른 걸까?

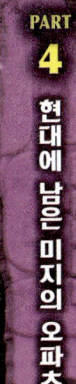

**PART 4 현대에 남은 미지의 오파츠**

타실리나제르의 바위그림

# 벽화로 남긴 것은 외계인인가?!
## '하늘에서 내려온 신'에 대한 전설!

**우주복을 입은 인간의 모습**
헬멧을 착용하고 우주복으로 몸을 감싼 듯한 모습이 묘사되어 있다. 이것은 외계인일까?

**DATA**

| | |
|---|---|
| 소재지 | 알제리 타실리나제르 유적 |
| 시대 | 8000년 전 (기원전 60세기) |
| 분석 | 사하라 사막의 유적에 남겨진 벽화. 헬멧을 쓰고 우주복을 입은 외계인처럼 보인다. |

재질: 돌

# 아일랜드의 거인 화석

**갑자기 사라져 버린 거대한 화석**

1895년 북아일랜드에 위치한 앤트림 광산에서 거인으로 보이는 화석이 발견되었다. 아일랜드에 전해지는 켈트 신화에 따르면 이 땅에는 원래 포모르족이라는 거인족이 살았다고 한다. 이 화석의 발견은 그런 거인의 증거라고 잡지 등에서 다루며 화제가 되었다. 그러나 조사를 하려던 때에 화석은 창고에서 사라지고 말았다.

화석은 왜 사라진 것일까? 혹시 거인족에 대해 조사하면 안 될 이유가 있는 것일까? 지금도 수수께끼이다.

▲영국의 북아일랜드 해안선에 있는 석주군, 자이언트 코즈웨이. 세계유산에도 등록되어 있다.

### 성인 신장의 2배

신장 3.7m, 무게는 무려 2톤. 발가락은 각각 6개였다고 한다. 신장은 성인의 2배 정도.

## 아일랜드에 거인이 살았다?!

아일랜드에는 4만개의 육각형 석주(石柱)가 8km에 걸쳐 존재하는 '자이언트 코즈웨이'라는 해안이 있다. 전설 속의 거인이 만들었다고 하는데 화석의 거인은 그들의 일족일 가능성이 높다.

## PART 4 현대에 남은 미지의 오파츠

### 아일랜드의 거인 화석

## 아일랜드 북부에 살던 거인족이 화석이 되었다?!

### DATA

**소재지**: 북아일랜드 앤트림 광산

**시대**: 불명

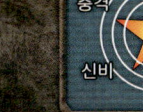

**재질**:  돌

**분석**: 북아일랜드에서 발견된 거대한 인간형 화석. 거인의 정체를 숨기기 위해 누군가 훔친 것인지도 모른다.

# 에콰도르의 거인족

## 발뒤꿈치 뼈만 남아 있는

1964년 남에콰도르. 지방에서 일하던 카를로스 바카 신부는 산 일부에 인간의 뼈로 보이는 물체가 묻혀 있는 것을 발견한다. 파내어 조사해본 결과 신장 7.6m에 달하는 거인의 뼈로 판명. 게다가 이 거인이 살았던 것은 1만 년도 더 된 시대라는 사실에 놀라게 되었다. 1990년대 미국의 스미소니언 박물관은 거인 연구에 힘을 기울였다. 그러나 이 뼈를 포함해 모든 증거는 대부분 버려지고 말았다. 이는 인류가 어떻게 진화했는가에 대한 진실을 알리고 싶지 않은 누군가가 증거를 감추기 위해 버린 것은 아니었을까?

▲스미소니언 박물관은 증거의 대부분을 버렸는데, 오파츠 연구가인 클라우스 도너 씨는 발뒤꿈치 뼈만 손에 넣을 수 있었다고 한다.

### 거인족의 뼈가?!

발뒤꿈치 뼈의 크기를 통해 신장 7.6m로 추정된다. 구약성서에도 나오는 '네피림'이라는 거인족으로 생각된다.

## 그 거대한 돌은 거인이 옮겼다?!

1만년 이상 전이라면 터키의 괴베클리 테페(➡P144)처럼 거대한 석조 유적이 만들어지기 시작한 시대. 인간은 옮길 수 없는 돌이라도 거인의 힘이라면 가능했을 것이다.

## PART 4 현대에 남은 미지의 오파츠

### 에콰도르의 거인족

## 거인이 존재한다는 확실한 증거를 누군가가 숨겼다?!

### DATA

- **소재지**: 에콰도르 남부 로마주
- **시대**: 1만년 전 (기원전 100세기)

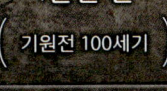

**분석**: 거인족의 증거는 대부분 버려졌다. 누군가 거인족의 정체를 숨기려는 것인지도 모른다.

# 손목시계형 반지

*미래인이 떨어뜨린 것일까…*

2008년, 한 사진이 세상을 들썩이게 했다. 중국 명나라 시절의 묘에서 손목시계 형태를 띤 반지가 발굴된 것이다. 바늘은 10시 6분을 나타내고 있으며 뒷면에는 'swiss'라 새겨져 있었다. 반지가 발견된 묘에는 흐트러진 흔적이 없었는데 이 반지는 어떻게 묻혔을까? 미래에서 온 누군가가 떨어뜨린 것인지도 모른다.

## 400년 전의 묘에서 시계 형태의 반지를 발굴!

**문자판처럼 생긴 디자인**
문자판 같은 디자인이 마치 현대의 손목시계처럼 생겼다.

### DATA

- **소재지**: 중국 광시 좡족 자치구
- **시대**: 400년 전 (16세기)
- **재질**: 금속
- **분석**: 스위스 시계 기술이 전해진 것은 수십 년 전인데 어떻게 400년 전의 묘에서 발견된 것일까?

PART 4 현대에 남은 미지의 오파츠

손목시계형 반지 / 알루미늄제 벨트 버클

## 알루미늄제 벨트 버클

### 고대 중국인은 전기를 자유자재로 다루었다?!

중국의 약 2000년 전 장군인 주처의 묘에서 발견된 금속구에 주목이 쏠렸다. 감정 결과 그것은 고순도의 알루미늄으로 이루어졌다. 알루미늄을 가공하려면 대량의 전기가 필요하다. 이러한 가공법이 개발된 것은 1845년. 고대 중국인은 이미 대량의 전기를 다루는 기술을 가지고 있었던 것일까?

### 고대 중국에는 전기를 만들어내는 기술이 존재했다?!

**은과 알루미늄제**
묘에서 발견된 금속 장신구는 17개. 대부분 은제였으나 일부는 알루미늄으로 만들어졌다.

**DATA**
- 소재지: 중국 장쑤성
- 시대: 1700년 전 (3세기)
- 재질: 금속
- 분석: 알루미늄 가공에는 보크사이트라는 돌에서 채취한 원료를 고온에 녹이고 전기를 흘리는 고급기술이 필요하다.

## 페루의 뇌 외과수술

**1000년 전에 이루어진 고도의 수술 흔적**

페루의 안데스 지방에서 구멍이 뚫린 두개골이 차례차례 발견되었다. 1000~1250년 전의 것으로 보이는 이 두개골들에는 여러 구멍이 규칙적으로 뚫려 있었으며, 수술을 마치고 재생 중이던 것도 존재했다. 이러한 점을 통해 치료를 위해 수술을 행했으며 환자는 이후에도 생존했다는 사실을 알아냈다. 환자의 고통은 상당했을 터이나 성공한 경우도 있었던 것 같다. 현대에도 뇌의 피를 빼는 것은 어려운 수술인데, 설비도 갖춰지지 않은 상태에서 행했다는 사실이 놀랍다. 그러나 그들은 문자가 없었기에 고도의 기술을 전하지 못한 채 멸망했다.

▲근처에서 '투미'라 불리는 청동제 수술용 나이프와 핸드드릴처럼 생긴 기계도 출토되었다. 이것들을 사용해 수술을 했을 것이다.

**뇌의 피를 빼는 수술**

두개골에 구멍이 뚫려 있다. 전쟁으로 인한 부상자의 뇌에 찬 피를 빼기 위해 수술을 했던 것으로 보고 있다.

### 의식이 있는 상태에서 머리를 수술!

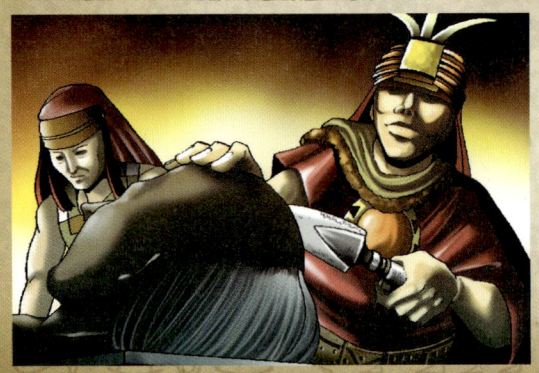

투미를 머리에 대고 몇 명이 몸을 붙잡은 상태로 수술을 기다리는 모습의 조각상도 발견되었다. 수술을 할 때 마취 효과가 있는 약초를 사용했을 것으로 보고 있다.

# PART 4 현대에 남은 미지의 오파츠

## 페루의 뇌 외과수술

### 고대 페루인은 치료를 위해 인간의 두개골에 구멍을 뚫었다?!

**DATA**

- **소재지**: 페루 안데스 지방
- **시대**: 1000~1800년 전 (2세기 ~10세기 무렵)
- **분석**: 중국이나 아르메니아 등지에서도 같은 수술 흔적이 존재하는 두개골이 발견되었다.

레이더: 유명 / 기술 / 진실 / 신비 / 충격

재질: 뼈

# 총을 든 전사상

**고도의 문명의 흔적인가, 광선총을 든 외계인인가?!**

10세기 후반에서 11세기에 걸쳐 멸망한 것으로 여겨지는, 멕시코에서 발전했던 톨텍 문명. 그 수도인 툴라 유적에는 불가사의한 석제 조각상이 남아 있다.

피라미드 정상에 늘어선 석상은 손에 총을 든 것처럼 보인다. 총이 사용되기 시작한 것은 13세기 후반인데 이것이 정말 총이라면 그보다 앞서 멕시코에서 총을 사용했다는 말이 된다. 또한 기묘한 가슴의 디자인을 보고 생명유지장치를 연결한 외계인이 광선총을 든 모습이라 말하는 자도 있다. 어느 쪽이든 정체는 불명이다.

▲ '아틀란테스'라 불리는 4개의 조각상. 신전의 지붕을 받치는 기둥 역할이었다고 한다.

### 총을 든 전사

측면의 손 부분에 조각된 물건이 홀스터(총을 집어넣는 케이스)에 들어간 총처럼 생겼다. 당시의 전사들은 총으로 싸웠던 것일까?

## 적 부족과의 전쟁에 사용했다?!

뛰어난 총을 외계인에게 받아 적 부족과의 전쟁에 사용했던 것일까? 이 조각상은 외계인의 모습이라는 설도 있지만 그 진상은 여전히 수수께끼이다.

# PART 4 현대에 남은 미지의 오파츠

## 총을 든 전사상

**1000년 이상 전의 멕시코에 이미 총이 존재했다?!**

### DATA

- **소재지**: 멕시코 이달고주 툴라 유적
- **시대**: 1100년 전 (9세기)
- **재질**: 돌
- **분석**: 상이 놓인 피라미드의 벽에는 재규어와 매의 부조가 새겨져 있으며 선명한 색이 칠해져 있다.

# 팔렝케의 우주비행사

## 고대 마야의 파칼왕과 우주선의 관계란?

1952년 팔렝케 유적의 신전 지하에서 파칼왕의 묘가 발견되었다. 그 관의 뚜껑에는 기이한 부조가 새겨져 있었다. 뚜껑을 옆으로 보니 그 모습이 마치 우주선을 조종하는 조종사처럼 보였던 것이다. 엔진과 배기구, 분사하는 불꽃까지 묘사되어 있다. 이 관에 잠든 파칼왕은 우주인과 무슨 관련이 있었던 걸까?

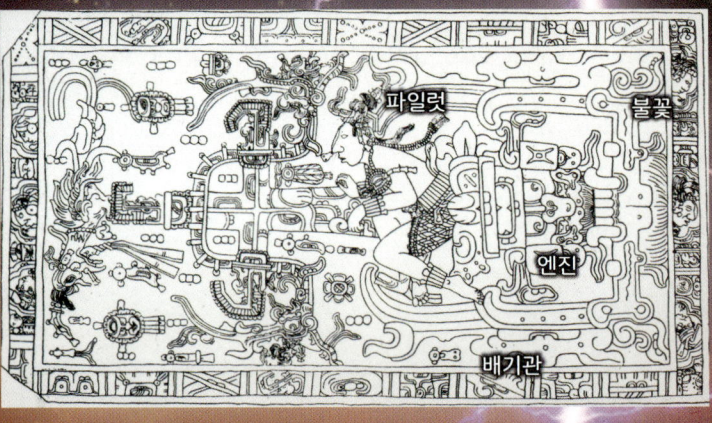

**관 뚜껑에 새겨진 그림은 고대의 우주비행사?!**

### 의문의 부조
석관의 크기는 세로 3m, 가로 2.1m, 높이 1.1m, 무게 5톤. 한 개의 바위를 잘라내어 만들었다.

**DATA**
- 소재지: 멕시코 치아파스주 팔렝케
- 시대: 1300년 전 (7세기)
- 재질: 돌

**분석**: 파칼왕의 묘에 새겨진 그림은 지금까지 사후 세계로 여행하는 왕의 모습을 새긴 거라 생각했다.

## 마야의 황금 불도저

고대 마야에서는 이미 기계를 사용했다?!

파나마 남부에서 발견된 황금 공예품. 연구가인 샌더슨은 평평한 등과 꼬리의 톱니바퀴가 주는 기계적인 인상을 통해 고대의 불도저라 생각했다. 물론 고대 마야에서 기계를 사용했다는 기록은 없지만, 만약 정말이라면 마야 유적은 이런 기계로 만든 것인지도 모른다.

PART 4 현대에 남은 미지의 오파츠

팔렝케의 우주비행사 / 마야의 황금 불도저

마야 유적에서 발견된 기묘한 형태의 장식품

### 기계 같은 디자인

꼬리는 톱니바퀴, 몸체의 형태는 바퀴처럼 보이는 캐터필러, 팔은 땅을 파는 부품 등 마치 기계를 축소한 모양처럼 생겼다.

### DATA

| | |
|---|---|
| 소재지 | 파나마 코클 지방의 유적 |
| 시대 | 1200~1500년 전 (6~9세기) |

유명 / 기술 / 진실 / 신비 / 충격

재질: 금속

| | |
|---|---|
| 분석 | 치첸이트사(➡P94)나 티칼(➡P98) 같은 거대 유적을 이런 기계로 만든 것인지도 모른다. |

223

# 올메의 거대 인면상

## 정글 오지에 잠든 아메리카 대륙에서 가장 오래된 문명의 증거

1862년 멕시코의 유카탄 반도에서 3200년 이상 이전에 만들어진 거대한 인면상이 발견되었다. 20세기에 들어와 비슷한 상이 여러 개 발견되었다. 상은 40톤의 현무암으로 만들어졌는데, 현무암은 인면상이 발견된 곳에서 130km나 떨어진 산에 존재한다. 이 시대에 40톤의 돌을 옮기는 기술이 존재했다고 보기는 어려운데 대체 어떻게 옮겼는지 의문이다. 또한 이러한 인면상은 아프리카계의 얼굴이 지닌 특성을 가지고 있으며, 이 지역에 살던 사람의 얼굴 생김새와는 달랐다. 당시 사람들은 뛰어난 항해술을 이용해 다른 지역 사람과 교류했던 것일까?

▲3200년 전에 바다를 건너는 기술이 존재했던 것일까?

### 현무암으로 이루어진 거대상

높이는 가장 큰 것이 3.4m, 무게는 40톤 정도. 옮기는 것은 물론이고 단단한 현무암을 깎으려면 상당한 기술이 필요했을 것이다.

## 어떻게 옮겼는지는 여전히 수수께끼

40톤이나 되는 인면상을 고대 올멕인은 어떻게 옮겼을까? 그리고 어떻게 아프리카계의 얼굴을 알고 있었던 것일까?

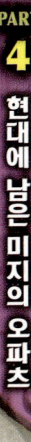

PART **4** 현대에 남은 미지의 오파츠

올멕의 거대 인면상

## 마야보다 1500년 이상 오래된 문명의 발견인가?!

### DATA

| | |
|---|---|
| 소재지 | 멕시코 남서부 유카탄 반도의 밀림 |
| 시 대 | 3200년 전 (기원전 12세기) |
| 분 석 | 이 유적에서 발견된 토우나 석상은 재규어를 본떠 만든 것이 많다. 공생했던 것일까? |

유명 / 기술 / 진실 / 신비 / 충격

재질: 돌

225

# 인면조각석

**드릴 같은 것으로 구멍을 뚫은 돌 조각**

미국 뉴햄프셔주 멜데스에서 사람의 얼굴이 조각된 달걀형 돌이 발견되었다. 뒷면에는 교차하는 창처럼 생긴 문양과 소용돌이 문양이 새겨져 있었다. 신기하게도 꼭대기와 바닥에는 직경 1~2mm 정도의 작은 구멍이 수직으로 뚫려 있었다. 이런 형태의 구멍은 금속 드릴 따위를 쓰지 않으면 뚫기 어렵다. 미국의 원주민이 만든 것이라 알려졌지만 당시에는 금속 드릴 따위가 발명되지 않았을 것이다. 발견으로부터 100년 이상이 지났으나 추적조사는 많이 이루어지지 않았고, 모든 것은 의문에 싸여 있다.

◀뒷면에는 초승달과 교차하는 창, 소용돌이, 텐트, 옥수수처럼 생긴 문양이 새겨져 있다. 미국의 원주민이 주술적인 의미를 담아 만든 수호 부적일까?

### 희귀한 재질의 돌

높이 약 10cm, 폭 약 5cm. 놀랍게도 현재의 미국에서는 채굴되지 않는 희귀한 재질의 돌을 사용했다고 한다.

### 조각 방법은 외계인에게 배운 것?

헬멧을 쓴 것처럼 보인다는 점을 통해 고대의 우주 비행사 모습이라 주장하는 자도 있다. 드릴 기술도 외계인에게 배운 것인지 모른다.

PART 4 현대에 남은 미지의 오파츠

인면조각석

# 의문투성이인 달걀형 인면석의 정체란?

## DATA

**소재지**: 미국 뉴햄프셔주

**시대**: 불명

유명 / 충격 / 기술 / 신비 / 진실

**재질**: 돌

**분석**: 이것이 진짜라면 19세기 이후에 개발된 공구 없이는 가공하기 어려웠을 텐데….

# 켄싱턴 룬스톤

## 아메리카 대륙을 가장 먼저 발견한 것은 누구?!

콜럼버스가 아메리카 대륙을 발견한 것은 1492년. 그보다 100년 이상 이전에 당시의 프랑스 왕 필립 4세에게 추방당한 템플기사단의 일부가 아메리카 대륙으로 건너갔다는 전설이 존재한다. 그 증거가 1898년에 미국 미네소타주의 농장에서 발견되었다.

켄싱턴 룬스톤이라 불리는 이 석판에는 룬 문자로 템플기사단이 아메리카 대륙에 찾아왔을 당시의 상황과 그들의 마크가 새겨져 있었다. 이들은 아메리카 대륙을 알고서 찾아온 것일까, 아니면 우연히 발견한 것에 지나지 않을까?

🔺룬 문자란 게르만족이 발명한 고대 문자. 스칸디나비아에서는 중세까지 사용되었다.

### 아메리카 대륙 발견의 증거

룬 문자로 템플기사단에 대해 쓰여 있다. 이것이 그들이 콜럼버스보다 먼저 아메리카 대륙을 발견했다는 증거가 될까?

## 아메리카 대륙 발견의 진실은?!

석비에는 룬 문자로 템플기사단과 고대 스칸디나비아인이 교류하던 모습과 그들의 마크인 '갈고리 십자가'가 그려져 있다.

# PART 4 현대에 남은 미지의 오파츠

## 켄싱턴 룬스톤

### 룬 문자와 함께 남겨진 템플기사단의 마크

**DATA**

- **소재지**: 미국 미네소타주
- **시대**: 600년 전 (14세기)
- **분석**: 템플기사단은 새로운 종교 거점을 찾아 미국으로 건너간 것일까?

# 피라미드 아이 타블렛

**미국 1달러 지폐와 같은 디자인의 오파츠**

1980년대에 에콰도르에서 발굴된 삼각뿔 석판. 꼭대기에는 '만물을 지켜본다'는 '프로비던스의 눈'이 새겨져 있다. 이 눈은 이집트 신화 중에서도 가장 위대한 호루스 신의 눈을 나타낸다고 하며, 미국의 1달러 지폐를 비롯해 현대에도 전 세계에서 찾아볼 수 있다. 석판의 바닥에는 산스크리트 문자로 '창조주의 아들이 찾아오다'라고 새겨져 있다.

어째서 에콰도르에서 발견된 물건에 고대 인도에서 사용하던 문자가 새겨져 있는 것일까? 또한 이 글귀는 무엇을 뜻하는 것일까? 진실은 아직 밝혀지지 않았다.

▲'프로비던스의 눈'은 미국 1달러 지폐에도 그려진 마크이다.

**만물을 지켜보는 눈을 지님**

높이는 27cm. 꼭대기에 있는 프로비던스의 눈 아래는 벽돌 무늬의 13단 피라미드로 구성되어 있다.

## 창조주를 맞이하기 위해 만든 것일까?

창조주는 태양신 라와 그의 아들인 호루스 신을 가리키는 것이라는 설이 존재한다. 이 유물을 만든 목적은 창조주를 맞이하기 위함이었을까?

# PART 4 현대에 남은 미지의 오파츠

## 피라미드 아이 타블렛

## 고대 인도의 문자가 새겨진 미지의 유물이 남미에서 발견되다!!

▲바닥 부분의 사진. 확실히 문자가 새겨져 있다.

### DATA

- **소재지**: 에콰도르 라마나
- **시대**: 불명
- **재질**: 돌
- **분석**: 전 세계에서 동일한 디자인이 발견된다는 점을 보아 아직 밝혀지지 않은 강력한 힘이 존재하는 것인지도 모른다.

# 남아프리카의 금속 구체

## 28억년 전의 지층에서 발견된 금속 덩어리

남아프리카 공화국의 *엽납석 광산에서 금속으로 이루어진 구체가 수백 개 발견되었다. 직경은 수cm 정도로 칼날에도 흠집이 나지 않을 정도로 단단했다. 안이 텅 빈 것도 존재하는가 하면 결정으로 가득 차거나 홈이 존재하는 것 등 다양했다. 매끈하고 아름다운 형태를 통해 인공적으로 만들어진 것이라 보고 있다.

이것들이 발견된 지층은 무려 28억년 전의 것. 28억년 전이라면 선캄브리아기라 불리는, 문명은 물론이고 동식물도 아직 존재하지 않던 시절. 그런 먼 옛날에 대체 누가, 무슨 목적으로 금속 구체를 엽납석 광맥 안에 묻은 것일까?

### 자기를 띠고 있다

이 금속 구체가 보관된 박물관의 관장에 의하면 1년에 한두 번 유리케이스 안에서 반시계 방향으로 회전한다고 한다. 이는 자기를 띠고 있다는 증거이다.

### 우주인이 남긴 것일까?

동물조차 존재하지 않았던 시절에 인공물이 존재할 리 없다. 몇천 년 전에 바깥 민족이 금속 구체를 두고 갔다는 전승이 선주민인 줄루족 사이에 전해져 내려온다. 일찍이 우주인이 전해주고 간 것은 아닐까?

※엽납석: 알루미늄으로 이루어진, 수분을 함유한 규산염 광물.

# 인류가 탄생하기 이전의 지구에 인공적인 구체가 존재했다…?

**PART 4** 현대에 남은 미지의 오파츠

남아프리카의 금속 구체

### 평행한 홈이 존재

금속 구체의 직경은 약 4cm. 세 줄의 홈이 평행하게 존재하는 명백한 인공물이다. 암석의 일종이 굳어진 것이라는 설도 있다.

## DATA

| | |
|---|---|
| 소재지 | 남아프리카 서(西) 트란스발주의 광산 |
| 시대 | 28억년 전 (선캄브리아 시대) |

재질

금속

| | |
|---|---|
| 분석 | 별명은 '클레르크스도르프의 구체'. 최초의 인류가 탄생하는 370만년 전보다 훨씬 이전의 지층에서 발굴되었다. |

233

# 일렉트론 합금으로 만든 수사슴상

## 기원전의 유적에서 발견된 합금 도금상

터키에 있는 알라카회위크에는 기원전 2500년부터 2200년까지 번영한 히타이트 제국의 유적이 존재한다. 이곳에서 발견된 청동제 수사슴상이 일렉트론 합금으로 가공된 것이라는 사실을 알아냈다.

일렉트론 합금이란 마그네슘과 알루미늄, 아연 등을 더해 만든 합금으로 1909년 독일의 일렉트론사(社)가 개발했다. 그러나 이 상이 진짜라면 몇 천 년이나 전에 그러한 기술을 사용했다는 말이 된다. 뛰어난 금속 가공술로 알려진 히타이트 제국의 기술은 현재 생각하는 것보다 훨씬 진보된 것이었을지도 모른다.

**멸망할 때까지 제철을 비밀로!**
히타이트 제국은 자신들의 강함을 지키기 위해 멸망할 때까지 주변 나라에 제철기술을 숨겼다.

▲히타이트 제국의 수도 '하투샤(➡P78) 유적은 터키의 보아즈칼레 구릉지에 존재한다.

## 최초로 철기문화를 구축한 제국

고대 히타이트인은 현대에 전해지지 않은 미지의 특수 기술을 사용해 일렉트론 합금을 가공했다는 말일까?

## PART 4 현대에 남은 미지의 오파츠

### 일렉트론 합금으로 만든 수사슴상

## 고대 히타이트 제국은 현대에 필적하는 합금기술을 가지고 있었다?!

**은빛으로 빛난다**

높이 약 20cm. 내용물은 청동제. 몸통 부분에 모양이 들어가 있다. 일렉트론 합금의 가공으로 생기는 은빛 반짝임은 현대에도 바래지 않는다.

### DATA

| 소재지 | 터키 알라카회위크 유적 |
|---|---|
| 시 대 | 4200~4500년 전 (기원전 2500~2200년) |
| 분 석 | 일렉트론 합금은 가볍고 튼튼해 항공기 등의 부품으로 사용된다. |

재질: 금속

235

# 델리의 철기둥

**결코 녹슬지 않는다! 1500년 전의 철기둥**

인도의 델리 교외에 존재하는 기둥. 1600년보다 오래 전에 만들었음에도 거의 녹슬지 않았다. 당시의 기술을 극한으로 살린 작품이라 말할 수 있는 이 철기둥은 왜 녹슬지 않는 것일까? 인도의 철광석에는 녹에 강한 인이라는 성분이 잔뜩 포함되었다는 것이 그 이유 중 하나이다. 하지만 100%에 가까운 철을 만드는 것은 현대에도 어려운 일이다. 10세기 무렵부터 시작된 인도의 제철기술은 무척 뛰어났으나, 18세기에 접어들어 철광석을 채굴할 수 없게 되자 쇠퇴하고 말았다. 이 오파츠는 고대 인도의 기술을 깨닫게 하는 중요한 수단이라 말할 수 있을 것이다.

◀표면에는 산스크리트어로 '서력 415년, 마우리아 왕조에 의해 만들어졌다'라는 의미의 비문이 새겨져 있다.

## 아소카왕을 기리는 기둥

기원전에 인도를 지배한 마우리아 왕조의 아소카 왕. 그의 활약을 기리고 영원한 평화와 번영을 바라며 만들었다. 현지에서는 '아소카 필러'라 불리고 있다.

# 볼라 스톤

## 200만년 전의 지층에서 출토된 석기

남미에서 발견된 둥근 석기. 중앙의 홈에 실을 말아서 날리는, 동물을 붙잡는 데 쓰는 도구로 추정하고 있다.
석기가 발견된 곳은 인류가 탄생하기 200만년 이상이나 이전의 지층. 이 시대에 살던, 지능을 가진 자가 만들었을 것이다. 어쩌면 아직 알려지지 않은 인류가 존재했던 것인지도 모른다.

### 인류가 탄생하기 전의 지층에서 인공물이!

### 인공적인 홈
만두처럼 생긴 납작하고 둥근 돌의 중앙에 홈이 파여 있다. 누군가가 가공한 것일까?

## DATA

**소재지**: 아르헨티나
**시대**: 200~300만년 전 (구석기 시대)

**재질**: 돌

**분석**: 이것이 정말 석기라면 인류 탄생의 역사를 뒤집는 대발견일지도 모른다.

# 황금의 제트기

**고대 남미에서는 이미 비행기가 날았다?!**

콜롬비아에 있는 황금박물관에 전시된, 1200년 이상 이전에 만들어진 비행기형 장식품. 1996년에 같은 형태의 모형을 이용한 비행실험이 성공해, 이 장식품이 비행기를 본떠 만든 것이라는 가능성이 높아졌다. 그러나 당시에는 비행기가 존재하지 않았을 텐데 당시 사람들은 대체 무엇을 보고 이것을 만든 것일까?

**PART 4 현대에 남은 미지의 오파츠**

볼라 스톤 / 황금의 제트기

### 일찍이 남미에서 비행기를 다루는 문명이 존재했던 것인가?!

**비행기의 날개와 꼬리가 존재**

직경은 약 5cm. 새나 벌레를 본뜬 것처럼 보이지만, 조종석이나 날개 형태가 비행기로도 보인다.

## DATA

| | |
|---|---|
| 소재지 | 콜롬비아 시누 지방 |
| 시대 | 기원전 500 ~기원전 800년 |
| 분석 | 새나 곤충을 본뜬 것이라고도 하지만 날개의 형태가 아무리 봐도 비행기. 고대 잉카에 비행기가 존재했던 것일까? |

**재질: 금속**

## 코스타리카의 석구

**대량으로 발견된 거대한 원형 구체**

1930년대 초기, 남미의 코스타리카에서 화강암으로 만들어진 거대형 돌이 발견되었다. 현재까지 같은 돌이 200개 정도 확인되었다. 구체는 거의 완벽한 구형. 현대 기술로도 일그러짐 없는 정확한 구를 만드는 건 어려운 일이라고 한다.

또한 부근의 채석장은 수십km나 떨어져 있다. 만든 기술은 물론 어떻게 옮겼는지도 수수께끼이다. 돌 구체 중에는 질서정연하게 늘어선 것도 존재하는데 공중에서 보지 않으면 확인할 수 없으며 이 시대 아직 비행기도 없었다. 그렇기에 우주에서 온 누군가의 지도하에서 게 아닌가 하는 설도 존재한다.

▲규칙성을 띠고 배치된 돌 구체는 별자리나 천체를 나타낸 것이라고 하나, 파괴된 것도 있어 정확한 이유는 알 수 없다.

**돌을 옮긴 흔적이 없다**

이곳에서 가장 가까운 화강암 채굴장까지는 수십km. 신기하게도 재료가 된 돌을 옮긴 흔적은 발견되지 않았다.

### 누군가가 기술을 전수했다?!

이 지역에 살던 고대 디키스인은 구리나 석기만 가지고 있었다. 누군가 기술을 전수해 돌 구체를 만들고 배치하도록 한 것은 아닐까?

# PART 4 현대에 남은 미지의 오파츠

## 코스타리카의 석구

## 이렇게 정확한 구체를 어떻게 만들었을까?!

**무게 25톤인 것도 존재**
작은 것은 직경 2cm,
큰 것은 직경 2.6m,
무게 25톤 정도.

### DATA

- **소재지**: 코스타리카 디키스 지방
- **시대**: 1200~1700년 전 (3~8세기)
- **재질**: 돌

- **분석**: 당시의 고대인이 이만큼 정확한 구체를 만들고 질서정연하게 늘어놓았으리라 생각하기는 어렵다.

# 피리 레이스의 지도

## 미발견 대륙이 그려져 있다?!

1929년 터키에서 낡은 지도가 발견되었다. 오스만 제국의 해군제독인 피리 레이스가 1513년에 그린 것인데, 이를 분석하자 놀라운 사실이 밝혀졌다. 놀랍게도 1820년까지 발견되지 않았을 남극대륙이 묘사되어 있었기 때문이다. 또한 발견된 지 20년밖에 지나지 않은 아메리카 대륙도 정확하게 묘사하고 있었다. 게다가 해안선의 형태까지 정확했다.

피리 레이스는 고대의 지도를 참고해 이 지도를 작성했다고 한다. 그렇다면 고대 사람들은 이미 남극대륙의 존재를 알고 있었다는 말일까?

▲콜럼버스가 항해에 사용했다는 마르텔루스의 지도. 1490년에 만든 것으로 보는 이 지도에는 아직 아메리카 대륙이 그려져 있지 않았다.

**당시로서는 최신 정보!**

인도양을 그렸을 것으로 생각되는 오른쪽 절반은 파손되고 말았지만, 막 발견된 남북 아메리카의 육지를 확인할 수 있다.

### 고대의 지도를 참고로 그렸다

33장이나 되는 지도를 참고하면서 고급 종이를 사용해 3년이라는 세월을 들여 작성했다.

# 남극의 해안선 형태까지 정확하게 묘사한 낡은 지도!

PART 4 현대에 남은 미지의 오파츠

## 피리 레이스의 지도

아프리카 대륙

대서양

아메리카 대륙

남극

### DATA

- **소재지**: 터키 이스탄불 톱카프 궁전
- **시대**: 약 500년 전 (16세기)

재질: 종이

- **분석**: 발견된 지 20년밖에 지나지 않은 아메리카 대륙을 묘사한 가장 오래된 지도로 무척 가치가 높다.

## 필립 부아슈의 남극지도

### 미국 도서관에서 발견된 남극이 묘사된 고지도

피리 레이스의 지도(→P242) 외에도 당시에 아직 발견되지 않았을 남극이 그려진 지도가 존재한다. 18세기 프랑스의 지리학자 필립 부아슈가 그린 지도이다.

미국의 도서관에서 발견된 이 지도에는 남극대륙이 묘사되어 있다. 그런데 대륙을 둘로 나누는 듯한 바다가 존재하며, 남극을 2개의 대륙으로 묘사했다. 이는 지구상의 빙하가 전부 녹아 해수면이 상승할 때 남는 남극대륙의 시뮬레이션과 완전히 일치한다. 어떻게 현대 기술로 알아낸 사실을 400년 전의 지도에 묘사할 수 있었을까?

#### 정확한 해안선

남극대륙 외의 해안선 형태도 정확하게 묘사되어 있다. 지도로써의 완성도가 높다. 그는 어디에서 지식을 얻은 것일까?

### 미래인에게 지구의 모습을 배웠다?!

남극대륙은 빙하가 사라지면 해수면보다 낮아지는 땅이 많아, 해수면이 상승하면 육지가 2개로 나뉘게 된다. 현대 기술로 알아낸 지도의 모습을 미래인을 통해 배운 게 아닐까?

# PART 4 현대에 남은 미지의 오파츠

## 필립 부아슈의 남극지도

**당시 미발견인 남극대륙이 2개 대륙으로 묘사되었다**

### DATA

- **소재지**: 미국 의회도서관
- **시대**: 200년 전 (18세기)
- **재질**: 종이
- **유명 / 충격 / 기술 / 신비 / 진실**

**분석**: 남극이 2개로 갈라질지도 모른다는 지구의 미래는 현대 기술을 통해야 알 수 있을 텐데.

# 보이니치 문서

**내용을 해독할 수 있을까?! 기묘한 그림과 문자로 쓰인 고문서**

1912년에 이탈리아의 수도원에서 발견된 고문서. 발견한 고물상 윌프리드 보이니치의 이름을 따 '보이니치 문서'라 부른다. 연구 결과 이 책을 처음 손에 넣은 사람은 신성 로마 제국의 황제 루돌프 2세로 최소한 500년 전의 문서임이 판명됐다.

책 안에는 동물과 식물의 그림이 그려져 있으며 그중 미발견인 것들이 많다는 점이 놀랍다. 더욱 불가사의한 것은 문자다. 발견 당시부터 여러 학자들이 해독에 도전했으나 아직 해독에 성공한 자는 없다. 작가는 이 책으로 무엇을 전달하려 했던 것일까? 밝혀지길 기다려보자.

◀28장을 분실하여 현존하는 것은 약 240장 정도. 현재는 미국의 바이네케 희귀도서·서간도서관에 보관 중이며 인터넷으로도 볼 수 있다.

### 불가사의한 식물 그림

독특한 터치로 묘사한 식물. 그러나 대부분의 식물이 지구상에서 발견되지 않은 것들이다. 무엇을 모델로 그린 것일까?

## 누구도 해독하지 못한 문자와 의문의 그림

문자가 쓰여 있으나 그 어떤 언어에도 속하지 않은 미지의 언어이다. 단어나 문장에 어느 정도의 규칙성이 존재한다는 사실밖에 알 수 없다. 또한 지구상에서 발견되지 않은 의문의 식물과 동물도 그려져 있다.

PART **4** 현대에 남은 미지의 오파츠

## 보이니치 문서

# 발견되고 100년이 지나도 해독되지 않은 의문의 책!

**DATA**

| | |
|---|---|
| 소재지 | 이탈리아의 수도원 빌라 몬드라고네 |
| 시 대 | 약 500년 전 (15세기) |

유명 / 충격 / 기술 / 신비 / 진실

**재질**: 종이

분 석 : 루돌프 2세를 속이기 위해 연금술사가 만든 가짜 연금술 책일 지도 모른다.

# 로혼치의 서

**미지의 언어로 쓰여진 고문서**

1838년 헝가리의 귀족 구스타프 백작이 기증한 책. 이 책에는 문자로 보이는 기호와 87점에 달하는 압화가 그려져 있었다. 언어는 옛 헝가리어와 일치하는 부분이 존재하나 대부분 전혀 다른 문자였으며, 오랫동안 해독되지 않았다. 십자가나 초승달 따위가 그려져 있다는 점을 통해 종교적인 의미를 지닌 책이라는 견해가 강하다.

**헝가리의 고문서는 종교에 관한 책이었을까?**

**총 448페이지**
세로 12cm, 가로 10cm. 448장의 용지로 구성되었다. 현재는 헝가리 과학 아카데미에서 보관 중이다.

### DATA

- **소재지**: 헝가리 로혼치 (현재의 오스트리아)
- **시대**: 약 600년 전 (15세기 무렵)
- **재질**: 종이
- **분석**: 최근에 이르러 헝가리인과 루마니아인이 문자의 규칙성을 발견. 머지않아 해독될지도 모른다.

# 멘도사 사본

## 정복되기 전의 아즈텍 사회를 알아낼 귀중한 자료

영국의 도서관에서 발견된, 선명하게 채색된 일러스트가 그려진 그림문서. 이는 1616년에 안토니오 멘도사 총독이 스페인 왕국에 보낸 아즈텍인에 대한 서적으로 한 번 행방불명되었으나 수백 년 만에 발견되었다. 기록이 거의 없는 아즈텍인의 생활상을 알아낼 귀중한 자료이다.

PART 4 현대에 남은 미지의 오파츠

로흔치의 서 / 멘도사 사본

아즈텍 문명의 생활이 묘사된 병풍화!

### 화려한 채색

무화과나무 따위의 섬유와 나무껍질 등으로 만든 토대에 단단한 필기용구로 그렸다. 색이 선명하고 아름답다.

## DATA

- **소재지**: 영국 옥스포드 보들리안 도서관
- **시대**: 400년 전 (17세기)
- **재질**: 종이

**분석**: 아즈텍 전사의 싸움 기록부터 물고기 사냥법까지 당시의 생활을 채색된 그림으로 알아볼 수 있다.

## 고대특별조사부의 조사보고서 4 — TOP SECRET

### 비행기 발명보다 훨씬 이전…
# 고대인은 비행기술을 지니고 있었다

여기에서는 고대인이 하늘을 나는 기술을 보유하고 있었다는 설에 대해 보고한다. 비행기가 발명되기도 훨씬 이전 사람들이 하늘을 날 수 있었다고 보기는 어려운데…. 그러한 진실을 파헤쳐본다!

### 현대나 그 이상의 비행기술을 고대인이 이용하고 있었다?!

인류가 처음으로 하늘을 날게 된 것은 1903년 미국의 라이트 형제가 만든 비행기를 이용했을 때이다. 그러나 그보다 훨씬 옛날의 고대문명에서 다양한 비행기계를 본뜬 것으로 보이는 출토품이 존재한다. 고대인은 발달된 비행기술을 가지고 있었을까…?

### 비행기나 글라이더를 본뜬 출토품이 존재한다

글라이더나 비행기 등 하늘을 나는 탈 것은 많이 있지만 이것들이 발명된 것은 100여년 전. 즉 고대에 그러한 것은 존재하지 않았을 것이다. 그러나 아무리 봐도 하늘을 나는 탈 것을 본떠서 만든 유물이 발견되고 있다.

## 사례 1   현대 기술에도 통하는 고대 이집트의 글라이더

수도 카이로 근교에 있는 지하유적에서 모형이 하나 발견되었다. 날개를 펼친 듯한 이 모형은 처음엔 새를 본떠 만든 것이라 생각했다. 그런데 한 고고학자가 해당 구조는 글라이더와 닮았다고 발표한다. 수평으로 만든 날개와 수직 꼬리날개, 이는 현재의 비행기 구조와 일치한다.

## 사례 2   의문의 파일럿이 탑승한 올멕의 비행기

기원전 1200년 즈음부터 약 900년간 번영한 멕시코의 올멕 문명. 그 유적에서 발견된 것은 놀랍게도 파일럿이 탑승한 소형 비행기였다. 양쪽에는 원반형 날개가 존재하며 뒤쪽에 제트 추진을 하는 듯한 파이프가 달려 있다.

▶헬멧을 쓴 것인지 맨 얼굴인지는 판명되지 않았으나, 평범한 모습이 아니라는 것은 확실하다. 이 파일럿은 대체 누구일까?

### 사례 3   왕의 신전에 그려진 이집트의 헬리콥터

1996년 이집트의 고대 유적인 아비도스에서 고대사 연구가에 의해 놀라운 벽화가 발견되었다. 벽에 그려진 것은 놀랍게도 우리가 알고 있는 헬리콥터 모양의 벽화 문자였다. 그 외에도 미사일이나 잠수함 같은 것도 발견되었다고 한다. 대부분의 학자는 우연히 닮은 것이라며 부정하지만 우연이라기엔 일치하는 점이 많다.

### 사례 4   황금으로 빛나는 콜롬비아의 제트기

콜롬비아의 박물관에 존재하는 이 황금 장식품을 제트기로 보는 설이 있다. 현대과학을 의식한 듯한 형태를 통해 제법 빠른 속도를 낼 수 있었을 것으로 보인다. 전투에 사용한 것처럼 보이기는 하나, 탑승구가 단순한 것을 보면 일상적인 이동수단으로 사용했을지도 모른다.

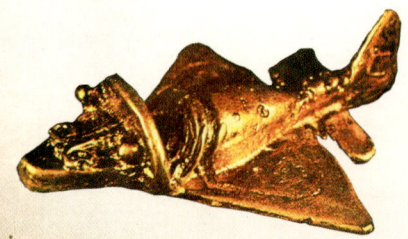

 **로켓을 나타낸 것으로 보이는 물체가 발견되었다**

다양한 비행기가 묘사된 출토품을 살펴봤는데, 놀랍게도 로켓을 본떠 만든 듯한 물체도 발견되고 있다. 고대인에겐 우주로 날아가는 기술이 존재했던 것일까?

### 사례 1 페루와 자바 섬에서 발견된 로켓

페루 북부 유적에서 로켓으로 보이는 기계와 파일럿을 본뜬 물체가 발견되었다. 뒤쪽에는 스페이스 셔틀처럼 생긴 발사구가 존재하며, 헬멧을 쓴 파일럿이 조종하고 있다.

인도네시아의 자바 섬에 존재하는 스쿠 사원에 로켓을 묘사한 부조가 존재한다. 이 로켓이 날아가는 방향에는 놀랍게도 태양과 달이 그려져 있다. 이를 통해 우주로 나가는 모습이라는 것은 명백하다.

### 결론 | 고대인들에게는 비행기술이 존재했으며 독자적인 비행기를 가지고 있었다!

전 세계에 존재하는 비행기를 본뜬 출토품. 그것들 중에 현대의 비행기처럼 생긴 구조도 존재한다는 점에서 고대인이 비행기술을 지녔을 가능성은 크다. 로켓처럼 생긴 유물도 발견되어 비행기술만이 아니라 우주로 나아가는 기술도 존재했을지 모른다.

# 고대 미스터리 신문

## 고대에 존재하던 신비의 금속
# 오리하르콘과 히히이로카네

### 아틀란티스인이 다루던 하늘을 나는 금속

머나먼 옛날, 대서양에 존재했을 것으로 예상하는 아틀란티스 대륙. 1만 2000년 전, 하룻밤 사이에 바다에 가라앉은 비극의 대륙에는 현대보다 뛰어난 문명이 존재했다고 한다. 그중 하나가 '오리하르콘'이라는 신비한 금속이다.

아틀란티스 대륙 연구가 스콧 엘리엇에 의하면 오리하르콘은 무척 단단하면서도 늘어나거나 수축한다는, 평범한 금속과는 다른 특징을 지녔다고 한다. 아틀란티스인들은 오리하르콘으로 하늘을 나는 배나 잠수함을 건조했으며 보석으로도 활용해 신전을 오리하르콘으로 꾸몄다고 한다. 오리하르콘의 정체는 뭐였을까? 오리하르콘이란 그리스어로 '산의 구리'를 뜻하므로 구리계열 금속이라는 설과 알루미늄이라는 설, 그 외에도 다이아몬드 같은 보석이나 비단이라는 설 등 여러 가지 의견이 존재한다. 진상은 알 수 없으나 어쩌면 현대의 금속이나 광물과는 전혀 다른 물질이었을지도 모른다.

고대 미스터리 신문  B.C. XXXX년 ○월 ○일

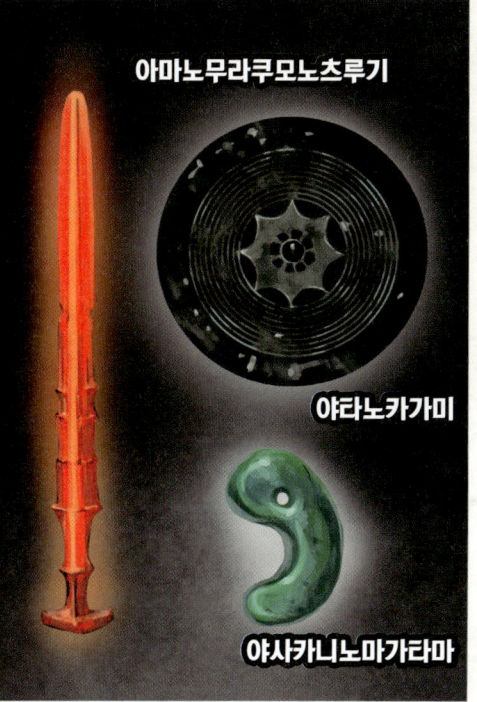

## 일본에 전해지는 금속, 히히이로카네의 정체란?!

일본에도 '신비의 금속'이 존재한다. 그것은 '히히이로카네'라는 것으로 일본의 옛 역사가 쓰여진 수수께끼의 문헌 《타케우치 문서》에 의하면 히히이로카네는 역대 천황이 계속 지켜온 삼종신기 중 하나인 아마노무라쿠모노츠루기의 원재료였다고 한다. 히히이로카네는 불처럼 빨간 빛을 내며 녹슬지 않고 철보다 부드럽지만, 가공을 하면 백금보다도 단단하다고 한다. 이는 오리하르콘의 '무척 단단하고 빛을 낸다'는 특징과 비슷하다. 따라서 아틀란티스의 오리하르콘과 일본의 히히이로카네가 같은 것이라 보는 전문가도 존재한다.

## 침몰선에서 발견된 의문의 금속 (새 발견!)

2015년, 오리하르콘으로 보이는 금속을 약 2600년 전에 이탈리아 시칠리아 섬 부근에서 침몰한 배에서 발견했다.

255

고대 미스터리 신문 　　　　　　　　　　　　　　　B.C. XXXX년 ○월 ○일

## 세계 각지에 전해지는 신비의 금속에는 이런 것들이 있다!!

오리하르콘과 히히이로카네 이외에도 '신비의 금속'이라 불리는 물질은 존재한다. 고대 사람들은 이런 광물을 다뤘다는 말일까?

### 1 미스릴

영국 전설에 등장하는, 드워프의 지하도시에서만 채굴된다는 귀한 금속. 철보다 가볍고 강철보다 단단하며 은색으로 빛을 내고 더러워지지 않는다고 한다.

### 2 아다만트

'제어할 수 없다'는 의미의 그리스어 '아다마스'가 어원이라는 점을 통해 알 수 있듯 절대로 흠집이 나지 않을 정도로 단단한 금속. 현대에는 다이아몬드였을 것이라 보고 있다.

### 3 현자의 돌

온갖 존재를 금으로 바꿀 수 있는 물질. 수은이 원료라고 보고 있으나 그 제조방법은 수수께끼로 전 유럽의 사람들이 찾아다녔다. 병을 치료하는 힘과 불로불사로 만드는 힘도 존재했다.

### 4 다마스커스 강(鋼)

고대 인도에서 만들어진 금속. 압도적인 단단함과 녹슬지 않는다는 성질, 그리고 신기한 파도 모양이 특징. 그 제조기술은 유실되었다. 델리의 철기둥(➡P236)의 소재도 이 다마스커스 강이라고 한다.

---

**편집 후기**

아틀란티스 대륙의 오리하르콘과 일본의 히히이로카네의 특징이 비슷하다는 점이 놀랍다. 고대인은 미지의 금속을 다루며 문명을 구축했던 것일까? 모종의 이유로 사라진 이런 신비한 금속들은 지금도 어딘가에 잠들어 있을지 모른다.

# 세계의 초고대문명

### 영국
- P138 스카라 브레이
- P146 에이브버리
- P160 힐 피규어
- P249 멘도사 사본

### 아일랜드
- P148 뉴그레인지
- P212 아일랜드의 거인 화석

- P48 하이브라질
- P32 아틀란티스 대륙

### 이탈리아
- P76 폼페이
- P246 보이니치 문서

### 몰타 공화국
- P140 하이포지움

### 알제리
- P210 타실리나제르의 바위그림

### 그리스
- P74 크노소스 궁전
- P196 안티키테라 섬의 기계

### 이집트
- P70 알렉산드리아
- P124 왕가의 계곡
- P128 기자의 대 피라미드
- P134 스핑크스
- P142 아부심벨 대 신전
- P200 하토르 신전의 조명기구
- P208 고대 이집트의 천문도

### 프랑스
- P150 카르나크 열석

### 독일
- P206 네브라 디스크

### 오스트리아
- P248 로혼치의 서

### 터키
- P78 하투샤
- P144 괴베클리 테페
- P234 일렉트론 합금으로 만든 수사슴상
- P242 피리 레이스의 지도

### 남아프리카 공화국
- P232 남아프리카의 금속 구체

### 이라크
- P62 수메르 문명
- P68 바빌론
- P198 아시리아의 수정 렌즈
- P202 바그다드 전지

### 중국
- P172 진시황릉
- P216 손목시계형 반지
- P217 알루미늄제 벨트 버클

### 레바논
- P204 바알베크 남쪽의 돌

### 요르단
- P72 페트라
- P188 사해문서

### 인도
- P152 아잔타
- P236 델리의 철기둥

### 파키스탄
- P80 모헨조다로

- P44 레무리아 대륙

- P46 마갈라니카

258

# 오파츠 MAP

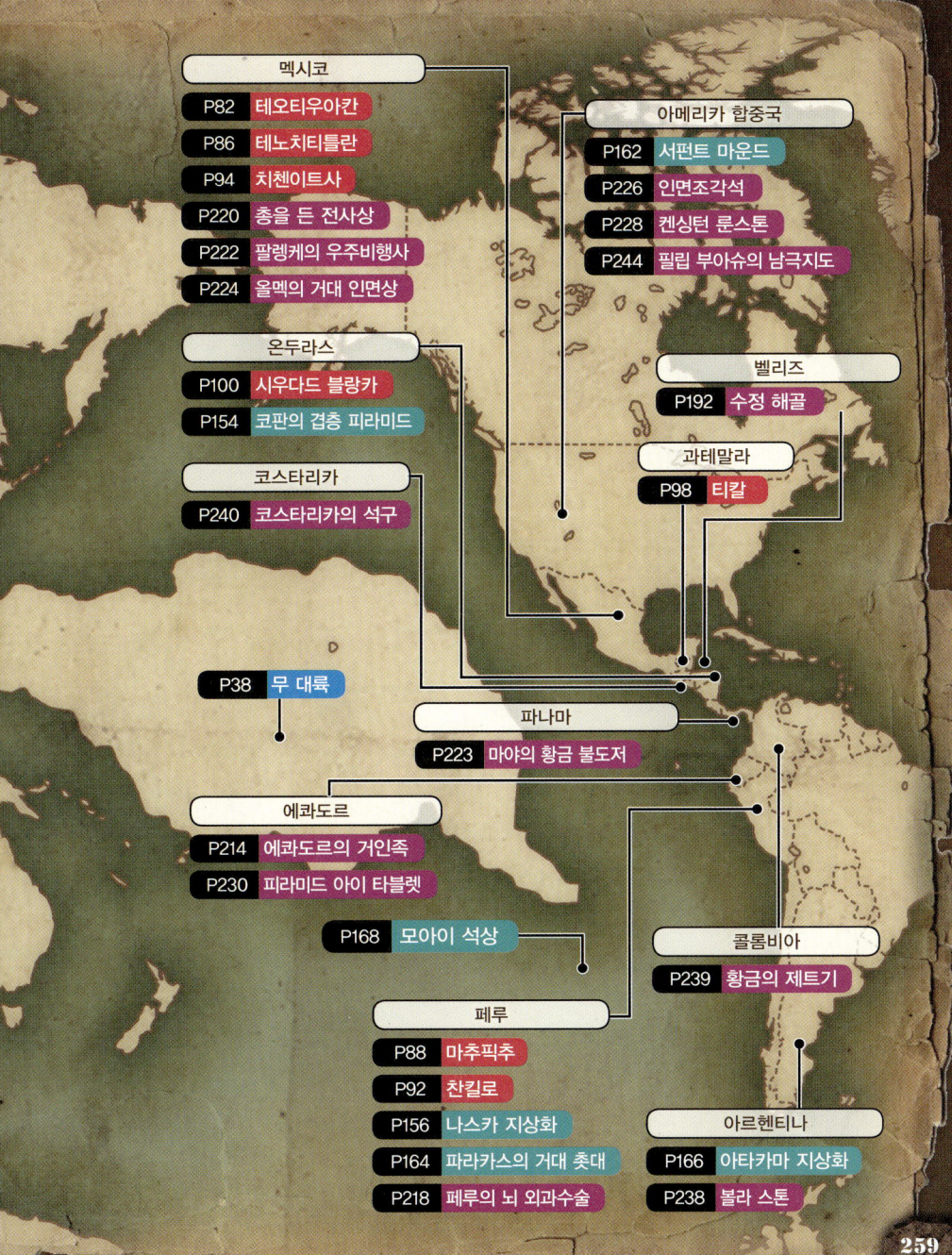

**멕시코**
- P82 테오티우아칸
- P86 테노치티틀란
- P94 치첸이트사
- P220 총을 든 전사상
- P222 팔렝케의 우주비행사
- P224 올멕의 거대 인면상

**아메리카 합중국**
- P162 서펀트 마운드
- P226 인면조각석
- P228 켄싱턴 룬스톤
- P244 필립 부아슈의 남극지도

**온두라스**
- P100 시우다드 블랑카
- P154 코판의 겹층 피라미드

**벨리즈**
- P192 수정 해골

**과테말라**
- P98 티칼

**코스타리카**
- P240 코스타리카의 석구

- P38 무 대륙

**파나마**
- P223 마야의 황금 불도저

**에콰도르**
- P214 에콰도르의 거인족
- P230 피라미드 아이 타블렛

- P168 모아이 석상

**콜롬비아**
- P239 황금의 제트기

**페루**
- P88 마추픽추
- P92 찬킬로
- P156 나스카 지상화
- P164 파라카스의 거대 촛대
- P218 페루의 뇌 외과수술

**아르헨티나**
- P166 아타카마 지상화
- P238 볼라 스톤

- 만화 ──── 이시다 코우
- 일러스트 ──── 난바키비, 정신암흑가 코우, 하야마피요, gozz, 사카이 유우키, 신페이 사이키, 오노 나오토, icula, 안도·M·도슨
- 집필 협력 ──── 이시이 료코, 우에무라 에미, 묘도 사토코(리브라 편집실)
- 디자인 ──── 시바 토시유키, 야마기시 마키, 키타가와 요코(스튜디오 덩크), 심플리, 아톰 스튜디오
- 편집 협력 ──── Fig inc
- 사진 협력 ──── 허밍, PIXTA, 아프로, 유니포토프레스, 이즈모 대사, iStock/Getty images, Klaus Dona and Bill Ryan, '수수께끼 풀이 고대문명'(사이즈샤), 이소베 사토시

## 초고대문명 미스터리 유물 대도감

2021년 6월 15일 초판 인쇄
2021년 6월 25일 초판 발행

**발행인|** 정동훈
**편집인|** 여영아
**편집|** 송미진, 김학림
**미술|** 김환겸
**해외사업본부장|** 최재호
**해외사업본부|** 허은솔, 강수진, 김채은, 김종진
**제작|** 김종훈
**발행처** (주)학산문화사

**등록|** 1995년 7월 1일 제3-632호
**주소|** 서울 동작구 상도로 282 학산빌딩
**전화|** 편집 문의 02-828-8823, 8826  영업 문의 02-828-8962
**팩스|** 02-823-5109
**홈페이지|** www.haksanpub.co.kr

ISBN 979-11-348-8247-1

Original Japanese title: SHOUGEKI MYSTERY FILE 4 CHO KODAI BUNMEI · OOPARTS DAI ZUKAN
Copyright ⓒ 2016 by Fig inc
Original Japanese edition published by Seito-sha Co., Ltd.
Korean translation rights arranged with Seito-sha Co., Ltd. through The English Agency (Japan) Ltd.

※이 책의 한국어판 저작권은 일본 Seito-sha Co., Ltd. 와의 독점계약으로 ㈜학산문화사에 있습니다.
저작권법에 의해 한국 내에서 보호를 받는 저작물이므로 불법 복제와 스캔 등을 이용한
무단 전재 및 유포공유시 법적 제재를 받게 됨을 알려 드립니다.